2024年版

「ハングル」能力検定試験

公式 過去問題集

2023年 第59·60回

5級

まえがき

　「ハングル」能力検定試験は日本で初めての韓国・朝鮮語の検定試験として、1993年の第1回実施から今日まで60回実施され、累計出願者数は52万人を超えました。これもひとえに皆さまの暖かいご支持ご協力の賜物と深く感謝しております。

　ハングル能力検定協会は、日本で「ハングル」*を普及し、日本語母語話者の「ハングル」学習到達度に公平・公正な社会的評価を与え、南北のハングル表記の統一に貢献するという3つの理念で検定試験を実施して参りました。

　「アフターコロナ」となった2023年ですが、春季第59回は61ヶ所、秋季第60回は70ヶ所の会場で無事実施され、総出願者数は21,856名となりました。また、2023年1月と7月に新たに入門級(IBT)オンライン試験が開始されました。このように多くの方々に試験を受けていただいたことは、わたくしたちにとって大変大きな励みとなり、また同時に大きな責任と使命を再確認し、身の引き締まる思いです。

　協会設立当初の1990年代と比べると、「ハングル」学習を取り巻く環境は隔世の感があります。しかしいつの時代も、隣人同士がお互いを知り、良い点は学びあい、困ったときは助け合う姿勢は、人として大切なものです。お互いをよく理解するためには、お互いの言葉でコミュニケーションをとり、文化とその背景を知ることが必要不可欠です。

　本書は「2024年版ハン検*過去問題集」として、2023年春季第59回(6月)、秋季第60回(11月)試験問題を各級ごとにまとめたものです。それぞれに問題(聞きとり音声は公式ホームページの「リスニングサイト」で聴けてダウンロードも可)と解答、日本語訳と詳しい「学習ポイント」をつけました。

　これからも日本語母語話者の学習到達度を測る唯一の試験である「ハン検」を、入門・初級の方から地域及び全国通訳案内士などの資格取得を目指す上級の方まで、より豊かな人生へのパスポートとして、幅広くご活用ください。

　最後に、本検定試験実施のためにご協力くださった、すべての方々に心から感謝の意を表します。

2024年3月吉日

特定非営利活動法人
ハングル能力検定協会

---

*)当協会は「韓国・朝鮮語」を統括する意味で「ハングル」を用いておりますが、協会名は固有名詞のため、「」は用いず、ハングル能力検定協会とします。

*)「ハン検」は「ハングル」能力検定試験の略称です。

目　　次

　本書は2023年に実施された春季第59回(6月)と秋季第60回(11月)「ハングル」能力検定試験の問題とその解答・解説を、実施回ごとに分けて収めました。聞きとり問題の音声は協会公式ホームページの「リスニングサイト(聞きとり問題音声再生ページ)」で聴くか、「リスニングサイト」から音声ファイルをダウンロードして聴くことができます(次ページ参照)。

■「問題」

・試験会場で配布される試験問題冊子に準じていますが、聞きとり試験の際メモを取る空欄は、書籍サイズやデザインの関係上、若干調整されています。
・聞きとり問題の音声トラック番号は、 ◀ 04 のように示し、2回繰り返すものについては割愛しています。

■「解答と解説」

・4つの選択肢の中で、正答は白抜き数字❶❷❸❹となります。
・大問(🔟、🔟など)の最初に、この問題の出題意図と出題形式を示しています。
・詳しい解説は問題ごとに「学習ポイント(学習Pで表示)」で示しています。
・中級レベルをクリアした学習者の「聴解力」を問う1、2級聞きとり問題と、1、2級筆記の翻訳問題には「学習ポイント」は付きません。
・すべての問題文と選択肢に日本語訳を付けています。

■ マークシート見本

・巻末にマークシート形式の解答用紙見本(70%縮小)を付けました。本番の試験に備えて、記入欄を間違えないよう解答番号を確認してください。

■ 記号などの表示について

　[　]→ 発音の表記であることを示します。
　〈　〉→ 漢字語の漢字表記(日本漢字に依る)であることを示します。
　(　)→ 該当部分が省略可能であるか、前後に(　)内のような単語などが続くことを示します。
　【　】→ 直訳など、何らかの補足説明が必要であると判断された箇所であることを示します。
　「　」→ 学習ポイント中の日本語訳であることを示します。
　　★ → 大韓民国と朝鮮民主主義人民共和国とでの、正書法における表記の違いを示します(南★北)。

リスニングサイト(聞きとり問題の音声聞きとり・ダウンロード)について

■第59回・第60回試験の聞きとり問題の音声ファイルを、以下のサイトで聴くことができます。また無料でダウンロードできます(MP3形式データ)。
なおダウンロードした音声ファイルはZIP形式で圧縮されています。

① 以下のURLをブラウザに入力し「リスニングサイト」を開いてください。

▶ https://hangul.or.jp/listening

※QRコードリーダーで
読み取る場合→

②「リスニングサイト」に以下のログインIDとパスワードを入力してください。

▶ログインID：hangul　　▶パスワード：kakomon

■ 本文聞きとり問題の 🔊 **00** マーク箇所をトラックごとに聞くことができます。

■ パソコンやタブレットにダウンロードした音声ファイルを再生するには、MP3ファイルが再生できる機器やソフトなどが別途必要です。ご使用される機器や音声再生ソフトに関する技術的な問題は、各メーカー様宛にお問い合わせください。

■ スマートフォンで音声ダウンロード・再生を行う場合は、ZIPファイルを解凍するアプリが別途必要です。ご使用される端末やアプリに関する技術的な問題は、各メーカー様宛にお問い合わせください。

■ 本書と音声は、「著作権法」保護対象となっています。

※音声聞きとり・ダウンロードに関する「Q＆A」を協会公式ホームページに掲載しました。ご参照ください。　　▶ https://hangul.or.jp/faq/

その他ご質問については、協会事務局宛にメールにてご相談ください。
▶ inquiry@hangul.or.jp

■「、」と「：」の使い分けについて
　1つの単語の意味が多岐にわたる場合、関連の深い意味同士を「、」で区切り、それとは異なる別の意味でとらえた方が分かりやすいもの、同音異義語は「：」で区切って示しました。

■ ／ならびに{ ／ }について
　／は言い換え可能であることを示します。用言語尾の意味を考える上で、動詞や形容詞など品詞ごとに日本語訳が変わる場合は、例えば「～{する／である}が」のように示しています。これは「～するが」、「～であるが」という意味になります。

◎５級（初級前半）のレベルの目安と合格ライン

■レベルの目安
　60分授業を40回受講した程度。韓国・朝鮮語を習い始めた初歩の段階で、基礎的な韓国・朝鮮語をある程度理解し、それらを用いて表現できる。
・ハングルの母音（字）と子音（字）を正確に区別できる。
・約480語の単語や限られた文型からなる文を理解することができる。
・決まり文句としてのあいさつ・あいづちや簡単な質問ができ、またそのような質問に答えることができる。
・自分自身や家族の名前、特徴や好き嫌いなどの私的な話題、日課や予定、食べ物などの身近なことについて伝え合うことができる。

■合格ライン
●100点満点（聞取40点 筆記60点）中、60点以上合格。
※５、４級は合格点（60点）に達していても、聞きとり試験を受けていないと不合格になります。

5級

全15ページ
聞きとり　20問/30分
筆　　記　40問/60分

2023年 春季 第59回
「ハングル」能力検定試験

【試験前の注意事項】
1）監督の指示があるまで、問題冊子を開いてはいけません。
2）聞きとり試験中に筆記試験の問題部分を見ることは不正行為となるので、充分ご注意ください。
3）この問題冊子は試験終了後に持ち帰ってください。
　　マークシートを教室外に持ち出した場合、試験は無効となります。
※ CD3 などの番号はCDのトラックナンバーです。

【マークシート記入時の注意事項】
1）マークシートへの記入は「記入例」を参照し、ＨＢ以上の黒鉛筆またはシャープペンシルではっきりとマークしてください。ボールペンやサインペンは使用できません。
　　訂正する場合、消しゴムで丁寧に消してください。
2）氏名、受験地、受験地コード、受験番号、生まれ月日は、もれのないよう正しく記入し、マークしてください。
3）マークシートにメモをしてはいけません。メモをする場合は、この問題冊子にしてください。
4）マークシートを汚したり、折り曲げたりしないでください。

※試験の解答速報は、6月4日の全級試験終了後（17時頃）、協会公式ＨＰにて公開します。
※試験結果や採点について、お電話でのお問い合わせにはお答えできません。
※この問題冊子の無断複写・ネット上への転載を禁じます。

◆次回 2023年 秋季 第60回検定：11月12日（日）実施◆

```
問 題
```

聞きとり問題 聞きとり試験中に筆記問題を解かないでください。

◆》 04

1 選択肢を２回ずつ読みます。絵の内容に合うものを①〜④
の中から１つ選んでください。

(マークシートの１番〜３番を使いなさい) 〈2点×3問〉

◆》 05

1)

マークシート 1

①_____
②_____
③_____
④_____

問 題

◀» 06

2）

マークシート 2

① _____

② _____

③ _____

④ _____

◀» 07

3）

マークシート 3

① _____

② _____

③ _____

④ _____

問　題

◀)) 08

2 短い文を 2 回読みます。（　　　）の中に入れるのに適切な
ものを①〜④の中から 1 つ選んでください。

（マークシートの 4 番〜 7 番を使いなさい）　〈2点×4問〉

◀)) 09

1) 저는 5 시 (マークシート **4**)분에 왔습니다.

　　① 10　　　　② 20　　　　③ 30　　　　④ 50

◀)) 10

2) 책을 (マークシート **5**)권 샀어요.

　　① 1　　　　② 2　　　　③ 3　　　　④ 4

◀)) 11

3) 그것은 (マークシート **6**)원입니다.

　　① 5,000　　② 6,000　　③ 7,000　　④ 8,000

問　題

🔊 12

4) 제　생일은 (マークシート 7) 입니다.

① 10월　14일　　　　② 11월　14일

③ 10월　24일　　　　④ 11월　4일

🔊 13

3 問いかけなどの文を２回読みます。その応答文として最も
適切なものを①～④の中から１つ選んでください。

（マークシートの８番～11番を使いなさい）　　〈2点×4問〉

🔊 14

1) -- マークシート 8

① 여섯　시부터　합니다.

② 화요일에　샀어요.

③ 오전　일곱　시에　일어났어요.

④ 화장실에　있습니다.

問 題

 15

2) -- マークシート **9**

① 네. 숙제를 하겠습니다.
② 네. 춥습니다.
③ 네. 텔레비전을 봅니다.
④ 네. 매일 마십니다.

 16

3) -- マークシート **10**

① 다음 달에 영화를 봅니다.
② 일본 음식을 먹고 싶습니다.
③ 한국어 책을 처음 읽었습니다.
④ 한국 음식은 맵습니다.

 17

4) -- マークシート **11**

① 버스로 왔어요.
② 지하철로 갑니다.
③ 공항이 큽니다.
④ 역에서 팔아요.

問　題

◀)) 18

4 ①～④の選択肢を２回ずつ読みます。応答文として最も適切なものを１つ選んでください。

（マークシートの12番～15番を使いなさい）　　〈2点×4問〉

◀)) 19

１）男：가게에 손님이 많아요?

　　女：（ マークシート12 ）

①_____　　②_____
③_____　　④_____

◀)) 20

２）男：한국어 공부는 어때요?

　　女：（ マークシート13 ）

①_____　　②_____
③_____　　④_____

問　題

 21

3）女：형도 키가 커요?

男：(マークシート**14**)

①_____ ②_____
③_____ ④_____

 22

4）女：아침을 같이 먹을까요?

男：(マークシート**15**)

①_____ ②_____
③_____ ④_____

◀) 23

5 対話文を2回読みます。その内容と一致するものを①〜④
の中から1つ選んでください。

（マークシートの16番〜20番を使いなさい）　　〈2点×5問〉

◀) 24

1）男：---

　　女：---　　マークシート**16**

　　① 女性の友だちは山に行きません。
　　② 女性は川に行きます。
　　③ 女性は友だちと旅行に行きます。
　　④ 女性は山に行きました。

◀) 25

2）女：---

　　男：---　　マークシート**17**

　　① 女性はお腹が空いていません。
　　② 男性は牛乳も勧めています。
　　③ 男性は一人で牛乳を飲みました。
　　④ パンより牛乳がおいしいです。

問　題

◀)) 26

3) 男 : _____

　　女 : _____　　マークシート **18**

　　① 男性は試験勉強ができませんでした。

　　② 二人は一緒に試験勉強をしました。

　　③ 男性は昨日友人に会いました。

　　④ 女性は昨日遊園地に行きました。

◀)) 27

4) 男 : _____

　　女 : _____

　　男 : _____　　マークシート **19**

　　① 女性はホテルで働いています。

　　② 女性の兄は料理が好きです。

　　③ 男性は女性と食事をしました。

　　④ 女性の姉は料理をするのが仕事です。

問 題

◀)) 28 ▶

5）男：--

　　女：--

　　男：--　マークシート**20**

① 二人は自転車で銀行まで来ました。

② 銀行は混んでいます。

③ 二人は銀行の前でお茶を飲みます。

④ 二人は駐車する場所を探しています。

問　題

筆記問題

筆記試験中に聞きとり問題を解かないでください。

1 発音どおり表記したものを①〜④の中から1つ選びなさい。
（マークシートの1番〜3番を使いなさい）　　〈1点×3問〉

1) 금요일입니다　　　　　　　　　　　　　　マークシート **1**

　　① [그묘이링니다]　　　　② [금뇨이린니다]
　　③ [그묘이린니다]　　　　④ [그묘이림니다]

2) 식당　　　　　　　　　　　　　　　　　　マークシート **2**

　　① [식탕]　　② [싣땅]　　③ [식땅]　　④ [싣탕]

3) 놓아요　　　　　　　　　　　　　　　　　マークシート **3**

　　① [노사요]　　② [노다요]　　③ [노하요]　　④ [노아요]

問　題

2 次の日本語に当たる単語を正しく表記したものを①～④の中から1つ選びなさい。

(マークシートの4番～7番を使いなさい)　〈1点×4問〉

1) 夏　　　　　　　　　　　　　　　　　マークシート **4**

　　① 여름　　　② 요름　　　③ 여른　　　④ 요른

2) 教科書　　　　　　　　　　　　　　　マークシート **5**

　　① 교가서　　② 꾜과소　　③ 교과서　　④ 겨과소

3) (腹が)空いている　　　　　　　　　　マークシート **6**

　　① 고쁘다　　② 고뿌다　　③ 고프다　　④ 코푸다

4) 低い　　　　　　　　　　　　　　　　マークシート **7**

　　① 낙다　　　② 낮다　　　③ 납다　　　④ 낟다

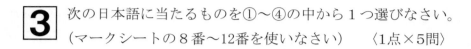

3 次の日本語に当たるものを①〜④の中から1つ選びなさい。
（マークシートの8番〜12番を使いなさい） 〈1点×5問〉

1）塩　　　　　　　　　　　　　　　　　　マークシート **8**

① 소금　　② 가을　　③ 가슴　　④ 치마

2）市場　　　　　　　　　　　　　　　　　マークシート **9**

① 시장　　② 신문　　③ 설탕　　④ 선물

3）送る　　　　　　　　　　　　　　　　　マークシート **10**

① 지나다　　② 열다　　③ 자다　　④ 보내다

4）待つ　　　　　　　　　　　　　　　　　マークシート **11**

① 길다　　② 걸리다　　③ 기다리다　　④ 모르다

5）とても　　　　　　　　　　　　　　　　マークシート **12**

① 아주　　② 더　　③ 곧　　④ 또

問　題

4 （　　　）の中に入れるのに最も適切なものを①〜④の中から1つ選びなさい。

(マークシートの13番〜17番を使いなさい)　〈2点×5問〉

1）（マークシート**13**）을 입어요.

① 입　　　② 집　　　③ 일　　　④ 옷

2）이번 주에 （マークシート**14**）를 만나요.

① 영어　　② 영화　　③ 친구　　④ 축구

3）자리에 （マークシート**15**）.

① 앉았습니다　　　　② 가졌습니다
③ 찾았습니다　　　　④ 가르쳤습니다

4）손님이 （マークシート**16**）분 오세요?

① 무슨　　② 어디　　③ 몇　　　④ 무엇

問　題

5）저와 친구는 생일이 （マークシート17）.

① 높아요　　② 차요　　③ 짧아요　　④ 같아요

5 （　　　）の中に入れるのに最も適切なものを①〜④の中から1つ選びなさい。
（マークシートの18番〜21番を使いなさい）　〈2点×4問〉

1）A : 수지 씨는 （マークシート18）이 있어요?
　　B : 아뇨. 오빠만 있어요.

① 사진　　　② 이름　　　③ 남동생　　　④ 강

2）A : 저는 대학생입니다.
　　B : 어느 대학교에 （マークシート19）

① 닫아요?　　② 다녀요?　　③ 알아요?　　④ 넣어요?

3）A : 여보세요? 지금 어디예요?
　　B : （マークシート20）이에요. 우리 아들하고 놀아요.

① 정말　　② 오늘　　③ 밖　　④ 오전

4) 　A : 허리가 （ マークシート**21** ）

　　　B : 언제부터요?

　　① 아픕니다.　　② 작습니다.　　③ 쌉니다.　　④ 큽니다.

6 　文の意味を変えずに、下線部の言葉と置き換えが可能なものを①〜④の中から１つ選びなさい。

　　（マークシートの22番〜23番を使いなさい）　　〈2点×2問〉

1) 　방이 좀 좁아요. 하지만 문제 없어요.　　　　マークシート**22**

　　① 계세요　　　② 끝나요　　　③ 괜찮아요　　④ 나빠요

2) 　내일은 열 시부터 한 시까지 일합니다.　　　マークシート**23**

　　① 열 시간　　② 한 시간　　③ 두 시간　　④ 세 시간

問 題

7 (　　　)の中に入れるのに適切なものを①〜④の中から1つ選びなさい。

(マークシートの24番〜26番を使いなさい)　〈1点×3問〉

1) 우리 아버지가 드라마에 ().

①　나왔어요　　　　　　②　나왔어요
③　나오았어요　　　　　④　나오었어요

2) 제 누나는 외국에 (マークシート**25**).

①　살습니다　　　　　　②　사습니다
③　살압니다　　　　　　④　삽니다

3) 그 남자하고 (マークシート**26**).

①　결혼하었어요　　　　②　결혼핬어요
③　결혼했어요　　　　　④　결혼하았어요

問　題

8 （　　　）の中に入れるのに適切なものを①〜④の中から
1つ選びなさい。

（マークシートの27番〜29番を使いなさい）　　〈1点×3問〉

1) 김 선생님은 한 시(マークシート**27**) 수업을 하세요.

① 보다　　　② 부터　　　③ 에서　　　④ 로

2) 시간이 없어요. 우리 택시를 (マークシート**28**)?

① 탔어요　　② 탔지요　　③ 탈까요　　④ 탔습니까

3) A : 무엇을 시킬까요?
　　B : 주스(マークシート**29**)

① 라고 하겠어요.　　　② 라고 하지요.
③ 로 하겠어요.　　　　④ 으로 하지요.

問 題

9 次の場面や状況において最も適切なあいさつやよく使う表現を①〜④の中から1つ選びなさい。

（マークシートの30番〜31番を使いなさい）　〈1点×2問〉

1）再会を約束するとき　　　　　　　　　　　　マークシート**30**

　　① 다음에 또 뵙겠습니다.　　② 오래간만입니다.
　　③ 축하합니다.　　　　　　　　④ 만나서 반갑습니다.

2）店の人に呼びかけるとき　　　　　　　　　　マークシート**31**

　　① 몰라요.　　② 여기요.　　③ 미안해요.　　④ 알겠어요.

問　題

10 対話文を完成させるのに最も適切なものを①～④の中から
1つ選びなさい。

(マークシートの32番～36番を使いなさい)　〈2点×5問〉

1) A : (マークシート 32)

B : 병원에 가세요.

① 김치를 싫어합니다.

② 겨울이 왔어요.

③ 사과를 사고 싶어요.

④ 몸이 안 좋아요.

2) A : (マークシート 33)

B : 일이 많았어요.

① 어느 자리예요?

② 어젯밤에 왜 안 잤어요?

③ 방 안에 누가 있어요?

④ 주스 맛있어요?

問 題

3) A : (マークシート **34**)

B : 몇 마리 있어요?

① 저기에 나무가 많아요.

② 친구에게 편지를 썼어요.

③ 어제 비행기 표를 샀어요.

④ 우리 집에는 고양이가 있어요.

4) A : 왜 숙제를 안 했어요?

B : (マークシート **35**)

A : 다음 시간에 가지고 오세요.

① 가방이 큽니다.　　② 집에 놓고 왔어요.

③ 도서관에 있어요.　　④ 노트 값이 쌉니다.

5) A : 한국어를 배워요?

B : (マークシート **36**)

A : 그럼 한국 드라마도 많이 봐요?

① 네. 생각보다 쉽습니다.

② 아뇨. 단어를 많이 알아요.

③ 네. 텔레비전이 없어요.

④ 아뇨. 한국에는 안 가요.

問 題

11 文章を読んで、問いに答えなさい。
（マークシートの37番～38番を使いなさい）　〈2点×2問〉

　　저는 겨울을 좋아합니다. 눈도 좋아합니다. (マークシート**37**) 우리 나라에는 눈이 안 내립니다. 올해 12월에 한국에 가고 싶습니다. 빨리 눈을 보고 싶습니다.

【問1】　(マークシート**37**)に入れるのに適切なものを①～④の中から１つ選びなさい。
　　　　　　　　　　　　　　　　　　　　　　　　　　　　　マークシート**37**

　　① 그러면　　② 그리고　　③ 지난주　　④ 하지만

【問2】　本文の内容と一致するものを①～④の中から１つ選びなさい。
　　　　　　　　　　　　　　　　　　　　　　　　　　　　　マークシート**38**

　　① 私は来年韓国に行きます。
　　② 私は雪が好きです。
　　③ 私の国は雪がたくさん降ります。
　　④ 今、雪が降っています。

問　題

12 対話文を読んで、問いに答えなさい。
（マークシートの39番〜40番を使いなさい）　〈2点×2問〉

정민 : 혜빈 씨는 취미가 뭐예요?
혜빈 : 저는 외국 우표를 좋아합니다.
정민 : 외국 우표요?
혜빈 : (マークシート**39**)
정민 : 보고 싶어요.
혜빈 : 그러면 이번 주 토요일에 우리 집에 오세요.

【問1】　(マークシート**39**)に入れるのに適切なものを①〜④の中から1つ
　　　　選びなさい。　　　　　　　　　　　　　　マークシート**39**

① 우리 집에 많이 있어요.　　② 한국 드라마가 재미있어요.
③ 생선이 맛있습니다.　　　　④ 우체국이 어디예요?

【問2】　対話文の内容から分かることを①〜④の中から1つ選び
　　　　なさい。　　　　　　　　　　　　　　　　マークシート**40**

① ヘビンは郵便局で働いています。
② チョンミンは切符に興味があります。
③ ヘビンの趣味は買い物です。
④ 二人は一緒に切手を見ます。

30

解 答

聞きとり 解答と解説

1 絵の内容に合うものを選ぶ問題 〈各 2 点〉

1)

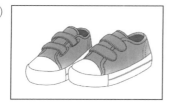

① 이것은 신문입니다. → これは新聞です。

② 이것은 구름입니다. → これは雲です。

❸ 이것은 신발입니다. → これは靴です。

④ 이것은 안경입니다. → これは眼鏡です。

学習P 이것은 ○○입니다「これは○○です」の○○部分の名詞を聞きとる問題。

2)

① 책상 밑에 연필이 있어요. → 机の下に鉛筆があります。

② 책상 옆에 우산이 있어요. → 机の横に傘があります。

❸ 책상 위에 연필이 있어요. → 机の上に鉛筆があります。

④ 책상 뒤에 우산이 있어요. → 机の後ろに傘があります。

学習P 位置関係を示す밑「下」、옆「横」、위「上」、뒤「後ろ」を聞きとる問題。

解　答

3)

① 불고기를 만듭니다. → プルゴギを作っています。

❷ 사진을 찍습니다. → 写真を撮っています。

③ 문을 닫습니다. → ドアを閉めています。

④ 이야기를 합니다. → 話をしています。

学習Ｐ　人物が何をしているかを聞きとる問題。写真を「撮る」は찍다という動詞を用いる。

2 空欄補充問題（数詞問題） 〈各2点〉

1) 저는 다섯 시 (삼십) 분에 왔습니다. → 私は5時30分に来ました。

① 10　　　　② 20　　　　❸ 30　　　　④ 50

学習Ｐ　漢字語数詞を聞きとる問題。

2) 책을 (네) 권 샀어요. → 本を4冊買いました。

① 1　　　　② 2　　　　③ 3　　　　❹ 4

学習Ｐ　固有語数詞を聞きとる問題。

解　答

3) 그것은 （칠천） 원입니다.　→ それは7,000ウォンです。

　　① 5,000　　　② 6,000　　　❸ 7,000　　　④ 8,000

学習Ⓟ 「百」「千」「万」の単位の数詞を聞きとる問題。

4) 제 생일은 （십일월 십사 일）입니다.　→ 私の誕生日は11月14日です。

　　① 10월 14일　❷ 11월 14일　③ 10월 24일　④ 11월 4 일

学習Ⓟ 「○月○日」は漢字語数詞で表す。「10」の前後の数字を注意深く聞き取る必要がある。なお漢数詞の「10」は、普通십と読むが、「10月」の場合は시と読む。例：10月10日→시월 십 일

3 相手の発話を聞いて、それに対する応答文を選ぶ問題（選択肢はハングルで活字表示）　　　　　　　　　　　　〈各2点〉

1) 그 시계를 언제 샀어요?　→ その時計をいつ買いましたか？

　　① 여섯 시부터 합니다.　　　　→ 6時からします。

　　❷ 화요일에 샀어요.　　　　　→ 火曜日に買いました。

　　③ 오전 일곱 시에 일어났어요.　→ 午前7時に起きました。

　　④ 화장실에 있습니다.　　　　→ トイレにあります。

学習Ⓟ 疑問詞언제を使って언제 샀어요?「いつ買いましたか？」と尋ねているので、買った日時について答えている。一般的には「○曜日」や「○月○日」で回答する。

解　答

2）술을 좋아하세요?　→ 酒がお好きですか?

　　① 네. 숙제를 하겠습니다.　→ はい。宿題をやります。
　　② 네. 춥습니다.　→ はい。寒いです。
　　③ 네. 텔레비전을 봅니다.　→ はい。テレビを見ます。
　　❹ 네. 매일 마십니다.　→ はい。毎日飲みます。

学習Ｐ　술「酒」を「飲む」はマシ다を用いるが、먹다で表現されることもある。-(으)세요は尊敬表現であるため、目上の相手の行為や状態を聞くのに使用はできても、自身の行為や状態を表す際には使用しない。また좋아하다は助詞 -를／을を用いて -{를／을} 좋아하다で「～が好きだ」となる。

3）주말에 뭐 할까요?　→ 週末に何しましょうか?

　　① 다음 달에 영화를 봅니다.　→ 来月映画を見ます。
　　❷ 일본 음식을 먹고 싶습니다.　→ 日本料理が食べたいです。
　　③ 한국어 책을 처음 읽었습니다.　→ 韓国語の本を初めて読みました。
　　④ 한국 음식은 맵습니다.　→ 韓国料理は辛いです。

学習Ｐ　問題文では -(으)ㄹ까요を用いて、週末の相手の意向について尋ねている。時間を表す名詞につく助詞 -에는、日本語「～に」と異なり省略されにくいので注意すること。例：「来月映画を見ます」→다음 달에 영화를 봅니다(○)、다음 달 영화를 봅니다(×)

4）공항까지 어떻게 가요?　→ 空港までどうやって行きますか?

　　① 버스로 왔어요.　→ バスで来ました。
　　❷ 지하철로 갑니다.　→ 地下鉄で行きます。
　　③ 공항이 큽니다.　→ 空港が大きいです。
　　④ 역에서 팔아요.　→ 駅で売ります。

解 答

学習Ⓟ 疑問詞어떻게を用いて空港まで行く方法を尋ねている。①と②では方法・手段を表す助詞－(으)로を用いて移動方法を述べているが、空港まで「行く」方法を尋ねているので「来た」ことを答えている①ではなく②が正答となる。なお지하철は終声ㄹで終わるため、－로が接続する。

4 空欄補充問題（対話文の始まりをハングルで活字表示）　〈各2点〉

1) 男：가게에 손님이 많아요?　→　男：お店にお客様が多いですか？
　　女：(아뇨. 손님이 없어요.)　　女：(いいえ。お客様がいません。)

　① 시험이 많아요.　　　　→　試験が多いです。
　② 네. 나무가 있어요.　　→　はい。木があります。
　❸ 아뇨. 손님이 없어요.　→　いいえ。お客様がいません。
　④ 가게는 저기에 있어요.　→　お店はあそこにあります。

学習Ⓟ 助詞－에、－이を見て「○○に○○が多いですか？」という男性の質問の意味を読み取る。

2) 男：한국어 공부는 어때요?
　　女：(어렵습니다만 재미있습니다.)
　→ 男：韓国語の勉強はどうですか？
　　女：(難しいですが、おもしろいです。)

　① 중국을 좋아합니다.　　　　　→　中国が好きです。
　② 여덟 시간 잡니다.　　　　　→　8時間寝ます。
　❸ 어렵습니다만 재미있습니다.　→　難しいですが、おもしろいです。
　④ 휴대폰이 없습니다만 괜찮습니다.　→　携帯電話がありませんが大丈夫です。

学習Ⓟ 어때요は「どうですか」と相手に尋ねるのによく使う表現である。－습니다만は－습니다마는の縮約形で「～{です／ます}が」と逆接を表す。

解　答

3）女：형도 키가 커요?　　　　→ 女：お兄さんも背が高いですか？

　　男：(아뇨. 저보다 작아요.)　　男：(いいえ。私より低いです。)

❶ 아뇨. 저보다 작아요.　→ いいえ。私より低いです。

② 네. 버스를 타요.　　　→ はい。バスに乗ります。

③ 아뇨. 코가 아파요.　　→ いいえ。鼻が痛いです。

④ 네. 매일 바빠요.　　　→ はい。毎日忙しいです。

学習Ⓟ 크다, 작다は「大きい」、「小さい」の意味であるが、키「背」を主語にして「背が高い」、「背が低い」という意味で用いられる。크다、아프다、바쁘다は으活用なので注意すること。また타다は助詞－{를／을}を用いて－{를／을} 타다で「〜に乗る」の意味になる。

4）女：아침을 같이 먹을까요?

　　男：(좋아요. 비빔밥은 어때요?)

　→ 女：朝ごはんを一緒に食べましょうか？

　　　男：(いいですね。ビビンバはどうですか？)

① 안돼요. 이 옷은 비싸요.　→ だめです。この服は高いです。

② 수업이 재미없어요.　　　→ 授業がつまらないです。

③ 소고기가 맛없어요.　　　→ 牛肉がまずいです。

❹ 좋아요. 비빔밥은 어때요?　→ いいですね。ビビンバはどうですか？

学習Ⓟ 아침は「朝」のほかに「朝ごはん」の意味があり、女性の質問文は朝ごはんの提案を意味する。네や아뇨のほかに좋아요、안돼요も提案の回答として用いられる。

解　答

5 内容一致問題（選択肢は日本語で活字表示）　　　　〈各2点〉

1）男：이번 여행은 어디로 가요?　→　男：今度の旅行はどこに行きますか?

　　女：친구들하고 산에 가요.　　　　女：友達と山に行きます。

　　① 女性の友だちは山に行きません。

　　② 女性は川に行きます。

　　❸ 女性は友だちと旅行に行きます。

　　④ 女性は山に行きました。

学習Ｐ　−(으)로は手段・方法だけでなく方向を表すときにも用いられる。「〜と」を表す助詞−하고は、前の名詞が終声で終わるとき発音変化が起こるので注意すること。

2）女：그 빵 더 주세요. 제가 빵을 많이 좋아해요.

　　男：우유도 좋아해요? 우유도 줄까요?

　→　女：そのパンもっとください。私、パンがとても好きなんです。

　　　男：牛乳も好きですか? 牛乳もあげましょうか?

　　① 女性はお腹が空いていません。

　　❷ 男性は牛乳も勧めています。

　　③ 男性は一人で牛乳を飲みました。

　　④ パンより牛乳がおいしいです。

学習Ｐ　많이は「たくさん」という意味で数量を表すときによく用いられるが、「とても」という意味でも使われる。

解　答

3) 男：어제 시험공부를 하고 친구들과 식사도 했어요.

女：저는 가족들하고 바다에 갔어요.

→ 男：昨日試験勉強をして、友達と食事もしました。
　　女：私は家族と海に行きました。

① 男性は試験勉強ができませんでした。

② 二人は一緒に試験勉強をしました。

❸ 男性は昨日友人に会いました。

④ 女性は昨日遊園地に行きました。

学習Ｐ 「～と」を表す－와／과は、－는／은、－가／이、－를／을、－로／으로などの助詞と異なり、母音で始まる方の와が母音で終わる名詞と接続するので注意が必要になる。

4) 男：미선 씨 언니는 무슨 일을 해요?

女：호텔에서 요리를 만들어요.

→ 男：ミソンさんのお姉さんは何の仕事をしていますか?
　　女：ホテルで料理を作っています。

① 女性はホテルで働いています。

② 女性の兄は料理が好きです。

③ 男性は女性と食事をしました。

❹ 女性の姉は料理をするのが仕事です。

学習Ｐ 무슨 일は[무슨닐]と発音される。무슨は「何の」という意味で次に名詞が来て疑問文を作る。

解　答

5）男：차를 어디에 세울까요?　→　男：車をどこに停めましょうか？

　　女：은행 앞이 어때요?　　　　女：銀行の前はどうですか？

　　男：거기는 사람이 많아요.　　男：そこは人が多いです。

① 二人は自転車で銀行まで来ました。

② 銀行は混んでいます。

③ 二人は銀行の前でお茶を飲みます。

❹ 二人は駐車する場所を探しています。

学習Ｐ 차를 세우다は「車を停める」という意味でよく使われる表現である。また「○○はどうですか」などの疑問文のとき、韓国・朝鮮語では○○가／이が用いられることが多い。

解 答　　（＊白ヌキ数字が正答番号）

筆記 解答と解説

---

1 発音変化を問う問題　　　　　　　　　　　　　　〈各１点〉

1）금요일입니다　→　金曜日です

　　① ［그묘이링니다］　　　　　② ［금뇨이린니다］

　　③ ［그묘이린니다］　　　　❹ ［그묘이림니다］

🅿学習 連音化*と입니다の鼻音化**を問う問題。금요、일입の部分はそれぞれ連音化して［그묘］、［이립］に、입니다は鼻音化して［임니다］と発音される。
　　　*連音化とはパッチムが次に来る母音と合わさって発音される発音変化のこと。
　　　**この問題で問う입니다の鼻音化とは、입니다と입니까の終音ㅂが鼻音のㅁで発音され、それぞれ［임니다］、［임니까］となる発音変化のこと。

2）식당　→　食堂

　　① ［식탕］　　　② ［신땅］　　　❸ ［식땅］　　　④ ［신탕］

🅿学習 濃音化*を問う問題。식당は濃音化して［식땅］と発音される。
　　　*この問題で問う濃音化とは、終声ㄱ、ㄷ、ㅂの直後に平音（ㄱ・ㄷ・ㅂ・ㅅ・ㅈ）が来ると、有声音化せずに濃音（ㄲ・ㄸ・ㅃ・ㅆ・ㅉ）で発音される発音変化のこと。

3）놓아요　→　置きます

　　① ［노사요］　　② ［노다요］　　③ ［노하요］　　❹ ［노아요］

🅿学習 パッチムㅎの脱落を問う問題。놓아はパッチムがㅎの場合、連音化が起きず、脱落するので［노아］と発音される。

解 答

2 日本語に当たる単語の正しいハングル表記を選ぶ問題　〈各 1 点〉

1 ）夏

❶ 여름　　　② 요름 → ×　③ 여른 → ×　　④ 요른→×

【学習P】固有語名詞の正確な綴りを選ぶ問題。パッチムㄴ、ㅁ、ㅇの区別、母音字ㅕ、ㅛの区別がポイント。母音字ㅜ、ㅡの区別も気を付けよう。

2 ）教科書

① 교가서 → ×　　　　　② 죠과소 → ×

❸ 교과서　　　　　　　④ 겨과소 → ×

【学習P】漢字語名詞の正確な綴りを選ぶ問題。母音字ㅛ、ㅕの区別、母音字ㅓ、ㅗの区別がポイント。「キョグァソ」と読み仮名をふると、語頭平音字と濃音字の区別がつきにくくなるほか、교를 겨と混同しやすくなるので注意すること。ハングルの文字と発音をしっかりと対応させて覚えるとよい。

3 ）（腹が）空いている

① 고쁘다 → ×　　　　　② 고뿌다 → ×

❸ 고프다　　　　　　　④ 코푸다 → ×

【学習P】形容詞の正確な綴りを選ぶ問題。母音字ㅜ、ㅡの区別や濃音字と激音字の区別、語頭平音字と激音字の区別がポイント。激音も濃音も語中で有声音化（濁音化）しないことも改めて確認しよう。

4 ）低い

① 낙다 → ×　　　　　**❷** 낮다

③ 납다 → ×　　　　　④ 낟다 → ×

【学習P】形容詞の正確な綴りを選ぶ問題。各選択肢にあえて読み仮名を振るといずれも「ナッタ」となりパッチム部分の区別もつかないので注意すること。낮다、낟다共に[낟따]と発音するが、「低い」を表す形容詞の綴りは낮다である。

解 答

3 日本語に当たる単語を選ぶ問題 〈各1点〉

1）塩

❶ 소금 → 塩 　　　　② 가을 → 秋

③ 가슴 → 胸 　　　　④ 치마 → スカート

学習P 固有語の名詞を選ぶ問題。

2）市場

❶ 시장 → 〈市場〉市場 　　② 신문 → 〈新聞〉新聞

③ 설탕 → 〈雪糖〉砂糖 　　④ 선물 → 〈膳物〉プレゼント

学習P 漢字語の名詞を選ぶ問題。

3）送る

① 지나다 → 過ぎる、通る 　② 열다　 → 開く

③ 자다　 → 寝る 　　　　❹ 보내다 → 送る

学習P 動詞を選ぶ問題。それぞれの丁寧体は①지납니다／지나요、②엽니다／열어요、③잡니다／자요、④보냅니다／보내요である。

4）待つ

① 길다　　 → 長い 　　② 걸리다 → かかる

❸ 기다리다 → 待つ 　　④ 모르다 → 知らない、分からない

学習P 動詞を選ぶ問題。それぞれの丁寧体は①깁니다／길어요、②걸립니다／걸려요、③기다립니다／기다려요、④모릅니다／몰라요である。

5）とても

❶ 아주 → とても 　　② 더 → もっと

③ 곧　 → すぐに、まもなく 　④ 또 → また、さらに

学習P 副詞を選ぶ問題。

解　答

4　空欄補充問題（語彙問題）　　　　　　　　　　　　〈各2点〉

1 ）（옷）을 입어요.　→ （服）を着ます。

　　① 입 → 口　　② 집 → 家　　③ 일 → 仕事　❹ 옷 → 服

学習P　固有語の名詞を選ぶ問題。입다「着る」の意味が分かれば、その前に来る名詞と助詞が分かる。名詞と助詞、動詞の組み合わせを覚えよう。

2 ）이번 주에 （친구）를 만나요.　→ 今週（友達）に会います。

　　① 영어 → 〈英語〉英語　　　　② 영화 → 〈映画〉映画
　　❸ 친구 → 〈新旧〉友達　　　　④ 축구 → 〈蹴球〉サッカー

学習P　漢字語の名詞を選ぶ問題。日本語では「〜に会う」だが韓国・朝鮮語では－{를／을} 만나다であるので、助詞に注意すること。이번 주は分かち書きし、[이번쭈]と発音する。

3 ）자리에 （앉았습니다）.　→ 席に（座りました）。

　　❶ 앉았습니다 → 座りました　　② 가졌습니다　→ 持ちました
　　③ 찾았습니다 → 探しました　　④ 가르쳤습니다 → 教えました

学習P　動詞を選ぶ問題。それぞれ過去の丁寧体であるが、基本形は①앉다、②가지다、③찾다、④가르치다である。

4 ）손님이 （몇） 분 오세요?　→ お客様は（何）名様いらっしゃいますか?

　　① 무슨 → 何の　　　　　② 어디 → どこ
　　❸ 몇　 → 何〜　　　　　④ 무엇 → 何

解 答

学習P 助数詞の前に来る疑問詞を選ぶ問題。助数詞の前には몇が来る。名詞の前に来る무슨と混同しないように注意すること。

5) 저와 친구는 생일이 (같아요). → 私と友達は誕生日が(同じです)。

① 높아요 → 高いです   ② 차요　 → 冷たいです

③ 짧아요 → 短いです   ❹ 같아요 → 同じです

学習P 形容詞を選ぶ問題。같다は-{와/과} 같다「~と同じだ」「~のようだ」のように慣用表現としてもよく用いられる。

5　空欄補充問題(語彙問題)　　　　　　　　　　　〈各2点〉

1) A : 수지 씨는 (남동생)이 있어요? → A : スジさんは(弟)がいますか?
　　 B : 아뇨. 오빠만 있어요.　　　　　　 B : いいえ。兄だけいます。

① 사진　 → 写真　　　　　② 이름 → 名前

❸ 남동생 → 弟　　　　　　④ 강　 → 川

学習P 名詞を選ぶ問題。スジさんが兄を오빠と言っていることからスジさんが女性であることが分かる。男性が兄を指すときは형を用いる。なお姉を表す単語は、女性が用いるときは언니、男性が用いるときは누나になる。

2) A : 저는 대학생입니다.　　　 → A : 私は大学生です。
　　 B : 어느 대학교에 (다녀요?)　　 B : どの大学に(通っていますか?)

① 닫아요? → 閉めますか?

❷ 다녀요? → 通っていますか?

解 答

③ 알아요? → 知っていますか?

④ 넣어요? → 入れますか?

学習Ⓟ 動詞を選ぶ問題。韓国・朝鮮語の現在形は日本語の「〜しています」に対応した意味を持つ場合がある。

3) A : 여보세요? 지금 어디에요?

B : (밖)이에요. 우리 아들하고 놀아요.

→ A : もしもし?　今どこですか?
　 B : (外)です。うちの息子と遊んでいます。

① 정말 → 本当　　　　② 오늘 → 今日

❸ 밖　→ 外　　　　　④ 오전 → 午前

学習Ⓟ 名詞を選ぶ問題。Aの質問文の어디という疑問詞から場所を尋ねていることが分かり、③を選択することができる。

4) A : 허리가 (아픕니다.)　→ A : 腰が(痛いです。)

B : 언제부터요?　　　　　B : いつからですか?

❶ 아픕니다. → 痛いです。　② 작습니다. → 小さいです。

③ 쌉니다.　→ 安いです。　④ 큽니다.　→ 大きいです。

学習Ⓟ 形容詞を選ぶ問題。Aの허리가「腰が」の意味と、Bの언제부터요?「いつからですか?」の意味が分かれば、①の아픕니다「痛いです」を選ぶことができる。

解　答

6 下線部と置き換えが可能なものを選ぶ問題　　　〈各2点〉

1) 방이 좀 좁아요. 하지만 문제 없어요.

　→ 部屋がちょっと狭いです。しかし問題ありません。

① 계세요　→ いらっしゃいます

② 끝나요　→ 終わります

❸ 괜찮아요　→ 大丈夫です

④ 나빠요　→ 悪いです

学習P 語彙を言い換える問題。

2) 내일은 열 시부터 한 시까지 일합니다.

　→ 明日は10時から1時まで働きます。

① 열 시간 → 10時間　　② 한 시간 → 1時間

③ 두 시간 → 2時間　　❹ 세 시간 → 3時間

学習P 語彙を言い換える問題。

7 空欄補充問題（用言の正しい活用形を選ぶ問題）　〈各1点〉

1) 우리 아버지가 드라마에 (나왔어요).　→ うちの父はドラマに(出ました)。

① 나았어요　→ ×　　❷ 나왔어요

③ 나오았어요 → ×　　④ 나오었어요 → ×

解 答

学習Ⓟ 正格用言（動詞）の活用形を選ぶ問題。「出る」の原形は나오다。正格用言の過去形の作り方は、語幹の最後の母音がㅏとㅗの場合−았어요／−았습니다を付ける。例えば、받다「もらう」→받았어요／받았습니다「もらいました」。ただし、母音語幹の場合は縮約が起きるので問題文の나오다は、나오았어요が縮まって나왔어요になる。

2）제 누나는 외국에 （삽니다）． → 私の姉は外国に（住んでいます）。

① 살습니다 → ×　　　　② 사습니다 → ×
③ 살압니다 → ×　　　　❹ 삽니다

学習Ⓟ ㄹ語幹用言（動詞）の活用形を選ぶ問題。「住む・住んでいる」の原形は살다。ㄹ語幹の活用形の場合、語幹の後ろにㅅ、ㅂ、ㄴ、ㄹパッチムのいずれかが付くとㄹは脱落する。よって「〜ます」に当たる−ㅂ니다を、ㄹを脱落させてから付けるので、삽니다になる。

3）그 남자하고 （결혼했어요）． → その男性と（結婚しました）。

① 결혼하었어요 → ×　　　② 결혼핬어요　 → ×
❸ 결혼했어요　　　　　　④ 결혼하았어요 → ×

学習Ⓟ 하다用言の活用形を選ぶ問題。「結婚する」の基本形は결혼하다であり、하다用言（基本形が−하다で終わる用言）の過去形해요体は、−했어요となる。発音は[겨로내써요]である。

解 答

8 空欄補充問題(文法問題) 〈各1点〉

1) 김 선생님은 한 시 (부터) 수업을 하세요.

→ キム先生は1時(から)授業をなさいます。

① 보다 → 〜より　❷ 부터 → 〜から

③ 에서 → 〜から、〜で　④ 로 → 〜で

学習P 助詞を選ぶ問題。選択肢②と③の助詞は日本語にすると両方とも「〜から」になるが、韓国・朝鮮語では、時間や順序に助詞「〜から」を付ける場合は－부터を使い、場所に助詞「〜から」を付ける場合は에서を用いる。

2) 시간이 없어요. 우리 택시를 (탈까요)?

→ 時間がありません。私たちタクシーに(乗りましょうか)?

① 탔어요 → 乗りましたか　② 탔지요 → 乗りましたよね

❸ 탈까요 → 乗りましょうか　④ 탔습니까 → 乗りましたか

学習P 語尾を選ぶ問題。選択肢①②④はすべて過去形。問題文では「時間がありません」と現在の状態を表しているため、誘い表現の③が正答となる。②の탔지요は過去の行為を確認する表現であり、①と④は過去の行為について聞く表現である。

3) A : 무엇을 시킬까요?　→ A : 何を注文しましょうか?
　 B : 주스(로 하겠어요.)　B : ジュース(にします。)

① 라고 하겠어요. → 〜といいます。

② 라고 하지요. → 〜といいましょう。

❸ 로 하겠어요. → 〜にします。

解 答

④ 으로 하지요.　　→ ～にしましょう。

学習Ⓟ 慣用表現を選ぶ問題。-(이)라고 하다は「～と言う、～と申す」という紹介でよく用いられる表現である。-(으)로 하다は「～にする」という決定を表す。この場合③か④が回答の文意に沿うが、주스は母音で終わる名詞であるため、-로が接続し、③が正解になる。

9 場面や状況に合わせた適切なあいさつやよく使う表現を選ぶ問題
〈各1点〉

1）再会を約束するとき

❶ 다음에 또 뵙겠습니다.　→ それでは、また……。

② 오래간만입니다.　　　　→ お久しぶりです。

③ 축하합니다.　　　　　　→ おめでとうございます。

④ 만나서 반갑습니다.　　　→ お会いできてうれしいです。

学習Ⓟ ①を直訳すると「次にまたお目にかかります」になる。

2）店の人に呼びかけるとき

① 몰라요.　→ 分かりません。

❷ 여기요.　→ すみません。

③ 미안해요.　→ ごめんなさい。

④ 알겠어요.　→ 承知しました。

学習Ⓟ ②を直訳すると「ここです」になる。저기요も使える。また④は日本語では過去形で表現することが多く、日本語と韓国・朝鮮語の違いに注意すること。

解 答

10 空欄補充問題（対話問題） 〈各 2 点〉

1 ）A：（몸이 안 좋아요.）　→　A：（体が良くないんです。）
　　B：병원에 가세요.　　　　　B：病院に行ってください。

　　① 김치를 싫어합니다.　 → キムチが嫌いです。
　　② 겨울이 왔어요.　　　 → 冬が来ました。
　　③ 사과를 사고 싶어요.　 → リンゴを買いたいです。
　　❹ 몸이 안 좋아요.　　　 → 体が良くないんです。

　学習P　対話文のBで병원「病院」を読み取ることで、病院に行く理由として適当な
　　　　④が正答であることがわかる。–(으)세요は命令表現としても用いられる。

2 ）A：（어젯밤에 왜 안 잤어요?）→ A：（昨晩なぜ寝ませんでしたか？）
　　B：일이 많았어요.　　　　　　 B：仕事が多かったんです。

　　① 어느 자리예요?　　　　 → どの席ですか？
　　❷ 어젯밤에 왜 안 잤어요? → 昨晩なぜ寝ませんでしたか？
　　③ 방 안에 누가 있어요?　 → 部屋の中に誰がいますか？
　　④ 주스 맛있어요?　　　　 → ジュースおいしいですか？

　学習P　「仕事が多かったこと」が回答になる選択肢を探す。일이 많았어요と過去の
　　　　ことを述べていることから過去について尋ねた質問文が自然になる。韓国・
　　　　朝鮮語は短い否定形、長い否定形があり、안 잤어요／자지 않았어요のどち
　　　　らも使える。

3 ）A：（우리 집에는 고양이가 있어요.）
　　B：몇 마리 있어요?
　→ A：（うちの家には猫がいます。）
　　　B：何匹いますか？

解　答

① 저기에 나무가 많아요.　　→ あそこに木がたくさんあります。

② 친구에게 편지를 썼어요.　→ 友達に手紙を書きました。

③ 어제 비행기 표를 샀어요.　→ 昨日飛行機のチケットを買いました。

❹ 우리 집에는 고양이가 있어요.　→ うちの家には猫がいます。

学習P 助数詞마리は「〜匹」を表すことから、生き物のついての話題であることが分かり、選択肢④が正答となる。日本語の助詞「〜に」に対応するものは－에、－에게があるが、前者は場所や時間、後者は人や生き物が前につく。

4) A : 왜 숙제를 안 했어요?　　→ A : なぜ宿題をしませんでしたか?

　　B : (집에 놓고 왔어요.)　　　B : (家に置いて来ました。)

　　A : 다음 시간에 가지고 오세요.　A : 次の時間に持って来なさい。

① 가방이 큽니다.　　→ かばんが大きいです。

❷ 집에 놓고 왔어요.　→ 家に置いて来ました。

③ 도서관에 있어요.　→ 図書館にあります。

④ 노트 값이 쌉니다.　→ ノートの値段が安いです。

学習P 안 했어요は「しませんでした」という過去のことを表すことができるほか「していません」という現在の状態を表すこともできる。そのため「なぜ宿題をしていませんか？」と訳すこともできる。

5) A : 한국어를 배워요?

　　B : (네. 생각보다 쉽습니다.)

　　A : 그럼 한국 드라마도 많이 봐요?

→ A : 韓国語を習っていますか?
　B : (はい。思ったより簡単です。)
　A : それなら韓国ドラマもたくさん見ますか?

解 答

❶ 네. 생각보다 쉽습니다.　　→ はい。思ったより簡単です。

② 아뇨. 단어를 많이 알아요.　→ いいえ。単語をたくさん知っています。

③ 네. 텔레비전이 없어요.　　→ はい。テレビがありません。

④ 아뇨. 한국에는 안 가요.　　→ いいえ。韓国には行きません。

学習Ｐ　－보다는「～より」と比較基準を表す助詞。생각보다는「思ったより【直訳：考えより】」という意味の表現であり、予想、想像以上であることを示す。

11　読解問題　　　　　　　　　　　　　〈各 2 点〉

　저는 겨울을 좋아합니다. 눈도 좋아합니다. (하지만) 우리 나라에는 눈이 안 내립니다. 올해 12월에 한국에 가고 싶습니다. 빨리 눈을 보고 싶습니다.

[日本語訳]

　私は冬が好きです。雪も好きです。(しかし)うちの国には雪が降りません。今年12月に韓国に行きたいです。早く雪が見たいです。

【問 1 】　空欄補充問題

① 그러면 → それなら　　　② 그리고 → そして

③ 지난주 → 先週　　　　　❹ 하지만 → しかし

学習Ｐ　「雪も好きである」一方で「うちの国には雪が降らない」と述べていることから逆接表現が入ることが分かる。

解 答

【問2】 内容の一致を問う問題

① 私は来年韓国に行きます。

❷ 私は雪が好きです。

③ 私の国は雪がたくさん降ります。

④ 今、雪が降っています。

学習P 눈は「雪」、「目」の意味があり、季節の話をしている文章から「雪」であること
を読み取る。日本語では「(○○は)○○が〜たい」(例:私は雪が見たい)と述
べるが、韓国・朝鮮語では눈을 보고 싶습니다のように助詞 -를／을を用い
ることが多いので注意。

解 答

12 読解問題 〈各2点〉

정민 : 혜빈 씨는 취미가 뭐예요?

혜빈 : 저는 외국 우표를 좋아합니다.

정민 : 외국 우표요?

혜빈 : (우리 집에 많이 있어요.)

정민 : 보고 싶어요.

혜빈 : 그러면 이번 주 토요일에 우리 집에 오세요.

[日本語訳]

チョンミン : ヘビンさんは趣味が何ですか?

ヘ　ビ　ン : 私は外国の切手が好きです。

チョンミン : 外国語の切手ですか?

ヘ　ビ　ン : (うちの家にたくさんあります。)

チョンミン : 見たいです。

ヘ　ビ　ン : それなら今週土曜日、うちの家に来てください。

【問1】 空欄補充問題

❶ 우리 집에 많이 있어요. → うちの家にたくさんあります。

② 한국 드라마가 재미있어요. → 韓国ドラマがおもしろいです。

③ 생선이 맛있습니다. → 魚がおいしいです。

④ 우체국이 어디예요? → 郵便局はどこですか?

学習P 切手の話から「家に来る」話になっているため、「家に切手がある」ことを話している①が正答と分かる。韓国・朝鮮語では「〜の〜」と述べるとき、의を用いず、名詞を2つ続けることも多い。

解 答

【問2】 対話の内容から分かるものを選ぶ問題

① ヘビンは郵便局で働いています。

② チョンミンは切符に興味があります。

③ ヘビンの趣味は買い物です。

❹ 二人は一緒に切手を見ます。

学習P 切符は표〈票〉、切手は우표〈郵票〉であり類似していて混同しやすいため注意。

正答と配点

５級聞きとり 正答と配点

●40点満点

問題	設問	マークシート番号	正　答	配　点
1	1)	1	③	2
	2)	2	③	2
	3)	3	②	2
2	1)	4	③	2
	2)	5	④	2
	3)	6	③	2
	4)	7	②	2
3	1)	8	②	2
	2)	9	④	2
	3)	10	②	2
	4)	11	②	2
4	1)	12	③	2
	2)	13	③	2
	3)	14	①	2
	4)	15	④	2
5	1)	16	③	2
	2)	17	②	2
	3)	18	③	2
	4)	19	④	2
	5)	20	④	2
合　計				40

５級筆記　正答と配点

●60点満点

問題	設問	マークシート番号	正答	配点
1	1)	1	④	1
	2)	2	③	1
	3)	3	④	1
2	1)	4	①	1
	2)	5	③	1
	3)	6	③	1
	4)	7	②	1
3	1)	8	①	1
	2)	9	①	1
	3)	10	④	1
	4)	11	③	1
	5)	12	①	1
4	1)	13	④	2
	2)	14	③	2
	3)	15	①	2
	4)	16	③	2
	5)	17	④	2
5	1)	18	③	2
	2)	19	②	2
	3)	20	③	2
	4)	21	①	2

問題	設問	マークシート番号	正答	配点
6	1)	22	③	2
	2)	23	④	2
7	1)	24	②	1
	2)	25	④	1
	3)	26	③	1
8	1)	27	②	1
	2)	28	③	1
	3)	29	③	1
9	1)	30	①	1
	2)	31	②	1
10	1)	32	④	2
	2)	33	②	2
	3)	34	④	2
	4)	35	②	2
	5)	36	①	2
11	問1	37	④	2
	問2	38	②	2
12	問1	39	①	2
	問2	40	④	2
合　計				60

5級

全15ページ
聞きとり　20問/30分
筆　記　40問/60分

2023年 秋季 第60回
「ハングル」能力検定試験

【試験前の注意事項】
1）監督の指示があるまで、問題冊子を開いてはいけません。
2）聞きとり試験中に筆記試験の問題部分を見ることは不正行為となるので、充分ご注意ください。
3）この問題冊子は試験終了後に持ち帰ってください。
　　マークシートを教室外に持ち出した場合、試験は無効となります。
※CD3などの番号はCDのトラックナンバーです。

【マークシート記入時の注意事項】
1）マークシートへの記入は「記入例」を参照し、ＨＢ以上の黒鉛筆またはシャープペンシルではっきりとマークしてください。ボールペンやサインペンは使用できません。
　　訂正する場合、消しゴムで丁寧に消してください。
2）氏名、受験地、受験地コード、受験番号、生まれ月日は、もれのないよう正しく記入し、マークしてください。
3）マークシートにメモをしてはいけません。メモをする場合は、この問題冊子にしてください。
4）マークシートを汚したり、折り曲げたりしないでください。

※試験の解答速報は、11月12日の全級試験終了後（17時頃）、協会公式ＨＰにて公開します。
※試験結果や採点について、お電話でのお問い合わせにはお答えできません。
※この問題冊子の無断複写・ネット上への転載を禁じます。

◆次回 2024年 春季 第61回検定：6月2日（日）実施◆

ハングル能力検定協会
한글능력검정협회

問　題

聞きとり問題　聞きとり試験中に筆記問題を解かないでください。

🔊 04

1 選択肢を2回ずつ読みます。絵の内容に合うものを①〜④の中から1つ選んでください。

（マークシートの1番〜3番を使いなさい）　　〈2点×3問〉

🔊 05

1)

マークシート **1**

① _____
② _____
③ _____
④ _____

問 題

🔊 06

2)

マークシート **2**

① _____

② _____

③ _____

④ _____

🔊 07

3)

マークシート **3**

① _____

② _____

③ _____

④ _____

問　題

◀) 08

2 短い文を2回読みます。（　　　）の中に入れるのに適切な
ものを①〜④の中から1つ選んでください。
（マークシートの4番〜7番を使いなさい）　〈2点×4問〉

◀) 09

1）나는 (マークシート **4**)일까지 한국에 있어요.

　　① 8　　　　　② 19　　　　　③ 17　　　　　④ 18

◀) 10

2）뉴스는 (マークシート **5**)시에 끝납니다.

　　① 1　　　　　② 2　　　　　③ 3　　　　　④ 4

◀) 11

3）저것도 (マークシート **6**)원이에요.

　　① 20,000　　② 30,000　　③ 40,000　　④ 50,000

問　題

◀) 12

4)（ マークシート 7 ）에 만납니다.

① 4월 3일　　　　　　② 6월 3일
③ 9월 10일　　　　　　④ 10월 10일

◀) 13

3 問いかけなどの文を2回読みます。その応答文として最も
適切なものを①〜④の中から1つ選んでください。
（マークシートの8番〜11番を使いなさい）　〈2点×4問〉

◀) 14

1) -- マークシート 8

① 나도 우진 씨를 알아요.
② 거기에는 책이 없었어요.
③ 그것은 제 책이 아니에요.
④ 어제 책상을 샀어요.

問 題

🔊 15

2) -- マークシート 9

① 아뇨. 생각보다 쌌습니다.
② 네. 배가 고픕니다.
③ 휴대폰으로 사진을 찍었습니다.
④ 밖에 눈이 내립니다.

🔊 16

3) -- マークシート10

① 작년에 남편과 만났습니다.
② 내년 봄에 갑니다.
③ 일본어를 몰라요.
④ 저는 일본 사람이 아닙니다.

🔊 17

4) -- マークシート11

① 숙제를 안 냈어요.
② 음식도 맛있지요?
③ 머리가 좀 아파요.
④ 기분이 아주 좋아요.

問　題

🔊 18

4 ①～④の選択肢を２回ずつ読みます。応答文として最も適切なものを１つ選んでください。

（マークシートの12番～15番を使いなさい）　　〈2点×4問〉

🔊 19

１）男：방이 좀 춥지요?

　　女：（ マークシート **12** ）

　　①_____　②_____
　　③_____　④_____

🔊 20

２）男：은행에 가고 싶어요?

　　女：（ マークシート **13** ）

　　①_____　②_____
　　③_____　④_____

問　題

3) 女 : 그 드라마는 언제부터 합니까?

男 : (マークシート**14**)

①_____ ②_____

③_____ ④_____

22

4) 女 : 주말에도 일을 했어요?

男 : (マークシート**15**)

①_____ ②_____

③_____ ④_____

🔊 23

5 対話文を2回読みます。その内容と一致するものを①～④の中から1つ選んでください。

（マークシートの16番～20番を使いなさい）　〈2点×5問〉

🔊 24

1）男：_____
　　女：_____　マークシート**16**

　　① 男性はプレゼントをもらいました。
　　② 男性は女性の弟です。
　　③ 女性はプレゼントを用意しています。
　　④ 女性の弟は明日が誕生日です。

🔊 25

2）女：_____
　　男：_____　マークシート**17**

　　① 女性は男性を夕食に誘いました。
　　② 女性は今日、食堂に行きません。
　　③ 二人は今、食堂で夕食を食べています。
　　④ 男性は冷麺を食べません。

🔊 26

3）男：_____
　　女：_____　　　　マークシート **18**

　　① 男性は野球が好きです。
　　② 男性はサッカーが嫌いです。
　　③ 女性は野球が好きです。
　　④ 二人は一緒にサッカーを見ています。

🔊 27

4）女：_____
　　男：_____　　　　マークシート **19**
　　女：_____

　　① 女性は昨日の朝、家にいませんでした。
　　② 女性は料理が苦手です。
　　③ 女性は昨日の午後、運動をしました。
　　④ 女性は昨日、友達に会いませんでした。

問 題

◀)) 28▶

5）男：_____

女：_____

男：_____　マークシート20

① 女性は学生ではありません。

② 女性は学校で中国語を勉強しません。

③ 男性は中国語が上手です。

④ 女性は外国語を２つ勉強しています。

問 題

筆記問題

筆記試験中に聞きとり問題を解かないでください。

1 発音どおり表記したものを①〜④の中から1つ選びなさい。
（マークシートの1番〜3番を使いなさい）　〈1点×3問〉

1) 옷입니다　　　　　　　　　　　　　　　　　マークシート **1**

　　① ［오짐니다］　　　　　② ［오심니다］
　　③ ［오신니다］　　　　　④ ［오딘니다］

2) 덮다　　　　　　　　　　　　　　　　　　　マークシート **2**

　　① ［덥따］　　　　　　　② ［덥타］
　　③ ［덤따］　　　　　　　④ ［덛타］

　　　　　　　　　　　　　　　　　　　　　　　マークシート **3**

3) 싫어요

　　① ［시너요］　　　　　　② ［시어요］
　　③ ［시허요］　　　　　　④ ［시러요］

問　題

2 次の日本語に当たる単語を正しく表記したものを①〜④の
中から1つ選びなさい。
（マークシートの4番〜7番を使いなさい）　〈1点×4問〉

1）最初、初めて　　　　　　　　　　　　マークシート **4**

　　① 저은　　② 조음　　③ 처운　　④ 처음

2）飛行機　　　　　　　　　　　　　　　マークシート **5**

　　① 비엥끼　　② 비헨기　　③ 비핸끼　　④ 비행기

3）難しい　　　　　　　　　　　　　　　マークシート **6**

　　① 아렵다　　② 아련다　　③ 어렵다　　④ 어련다

4）多く、たくさん　　　　　　　　　　　マークシート **7**

　　① 만히　　② 많이　　③ 맗이　　④ 만이

問　題

3 次の日本語に当たるものを①～④の中から1つ選びなさい。
（マークシートの8番～12番を使いなさい）　〈1点×5問〉

1) 娘　　　　　　　　　　　　　　　　　　　マークシート **8**

　　① 할머니　　② 손님　　③ 아들　　④ 딸

2) 電話　　　　　　　　　　　　　　　　　　マークシート **9**

　　① 전화　　② 취미　　③ 시계　　④ 의사

3) 着る　　　　　　　　　　　　　　　　　　マークシート **10**

　　① 입다　　② 벗다　　③ 만들다　　④ 웃다

4) 小さい　　　　　　　　　　　　　　　　　マークシート **11**

　　① 나쁘다　　② 작다　　③ 높다　　④ 아프다

5) ゆっくり(と)　　　　　　　　　　　　　　マークシート **12**

　　① 먼저　　② 너무　　③ 천천히　　④ 빨리

問 題

4 (　　　)の中に入れるのに最も適切なものを①〜④の中から1つ選びなさい。

(マークシートの13番〜17番を使いなさい)　〈2点×5問〉

1) 저 사람의 (マークシート**13**)을 모르겠어요.

①구름　　②이름　　③가을　　④지난달

2) (マークシート**14**)를 타고 서울에 왔어요.

①기차　　②편지　　③숫자　　④식사

3) 그 가게에서 설탕을 (マークシート**15**).

①계셨어요　②샀어요　③말했어요　④잊었어요

4) 개는 몇 (マークシート**16**) 있어요?

①살　　②권　　③마리　　④개

《《《筆記

5) 그 친구는 키가 (マークシート**17**).

    ① 찹니다   ② 늦습니다   ③ 쉽습니다   ④ 큽니다

5 ( )の中に入れるのに最も適切なものを①〜④の中から1つ選びなさい。
(マークシートの18番〜21番を使いなさい)　〈2点×4問〉

1) A : (マークシート**18**)을 마시고 싶어요.
   B : 잠깐만요. 지금 가지고 오겠습니다.

    ① 마음   ② 꽃   ③ 얼굴   ④ 물

2) A : 지금 밖에 비가 (マークシート**19**)
   B : 네. 우산 있으세요?

    ① 내요?   ② 와요?   ③ 놓아요?   ④ 지나요?

3) A : 이거 (マークシート**20**) 얼마예요?
   B : 10,000원입니다.

    ① 곧   ② 아주   ③ 모두   ④ 어떤

4) A : 감기에 （マークシート**21**）

　　B : 그래요? 약은 먹었어요?

　① 걸렸어요.　　　　　② 알았어요.

　③ 일어났어요.　　　　④ 끝났어요.

6 文の意味を変えずに、下線部の言葉と置き換えが可能なものを①～④の中から１つ選びなさい。

　（マークシートの22番～23番を使いなさい）　　〈2点×2問〉

1) 목요일은 <u>시간이 없어요</u>.　　　　　　　　マークシート**22**

　① 길어요　　② 낮아요　　③ 짧아요　　④ 바빠요

2) 누나는 지금 <u>대학생입니다</u>.　　　　　　　　マークシート**23**

　① 대학교를 나왔어요　　② 대학교 선생님이에요

　③ 대학교가 아니에요　　④ 대학교에 다녀요

問 題

 （　　　）の中に入れるのに適切なものを①～④の中から
1つ選びなさい。

（マークシートの24番～26番を使いなさい）　〈1点×3問〉

1) 여동생이 저기에 차를 (　マークシート**24**　).

①　세왔어요　　　　　　②　세우였어요
③　세웠어요　　　　　　④　세우았어요

2) 매일 열 시에 문을 (　マークシート**25**　).

①　열습니다　　　　　　②　여릅니다
③　열업니다　　　　　　④　엽니다

3) 저도 일본어를 (　マークシート**26**　).

①　못하다요　　　　　　②　못해요
③　못하아요　　　　　　④　못하요

8 （　　　　）の中に入れるのに適切なものを①～④の中から
1つ選びなさい。

（マークシートの27番～29番を使いなさい）　　〈1点×3問〉

1）여름（ マークシート **27** ） 외국에 가요.

　　① 에게　　　　② 에서　　　　③ 을　　　　　④ 에

2）어제도 그분하고 （ マークシート **28** ）?

　　① 이야기하죠　　　　　　② 이야기합니까
　　③ 이야기할까요　　　　　④ 이야기했어요

3）A : 만나서 반갑습니다. 저는 김지민（ マークシート **29** ）
　　B : 저는 이윤정이에요.

　　① 이세요.　　　　　　② 이라고 합니다.
　　③ 과 같아요.　　　　　④ 으로 합니다.

問 題

9 次の場面や状況において最も適切なあいさつやよく使う表現を①〜④の中から1つ選びなさい。

（マークシートの30番〜31番を使いなさい）　〈1点×2問〉

1）知り合いと久しぶりに会ったとき　　　　　　　　マークシート**30**

　① 실례합니다.　　　　　　② 오래간만이에요.
　③ 그렇습니다.　　　　　　④ 죄송해요.

2）知人の結婚を祝うとき　　　　　　　　　　　　　マークシート**31**

　① 축하합니다.　　　　　　② 잘 부탁합니다.
　③ 안녕히 계십시오.　　　　④ 맞습니다.

10 対話文を完成させるのに最も適切なものを①～④の中から
1つ選びなさい。

(マークシートの32番～36番を使いなさい)　　〈2点×5問〉

1)　A : (マークシート **32**)

　　　B : 아, 저기는 사람이 있어요.

　　　① 저 자리에 앉을까요?

　　　② 이번 겨울에 결혼해요?

　　　③ 저한테 부탁이 있지요?

　　　④ 커피를 왜 안 팝니까?

2)　A : (マークシート **33**)

　　　B : 그러면 시장에서 사세요. 시장이 제일 싸요.

　　　① 내일 시험을 봐요.

　　　② 날씨가 안 좋았어요.

　　　③ 소금을 넣었어요.

　　　④ 과일을 사고 싶어요.

問題

3) A : (マークシート34)

B : 유진 씨 것입니다.

① 저 아파트에 누가 삽니까?

② 그거 닭고기가 아니죠?

③ 이 사과는 맛이 어떻습니까?

④ 이것은 누구 양말입니까?

4) A : 뭐가 좋겠습니까?

B : (マークシート35)

A : 그럼 제가 시키겠습니다.

① 1층에도 식당이 없습니다.

② 저는 비빔밥으로 하겠습니다.

③ 글을 잘 씁니다.

④ 화장실에 갔습니다.

5) A : 같이 바다에 갈까요?

B : (マークシート**36**)

A : 그럼 언제 시간 있으세요?

① 저는 여행을 안 좋아해요.

② 네. 우리도 메일을 안 받았어요.

③ 네. 나도 바다에 가고 싶었어요.

④ 무슨 요일에 왔어요?

問　題

11 文章を読んで、問いに答えなさい。
（マークシートの37番～38番を使いなさい）　　〈2点×2問〉

　우리 가족은 세 명입니다. 아버지는 우체국에서 일합니다.
（ マークシート37 ） 어머니는 고등학교에서 영어를 가르칩니다. 우리는
다 한국 영화를 좋아합니다. 일요일에는 집에서 같이 영화를
봅니다.

【問1】 （ マークシート37 ）に入れるのに適切なものを①～④の中から
　　　　1つ選びなさい。 マークシート37

　　① 그러면　　　② 어느　　　③ 그리고　　　④ 어떻게

【問2】 本文の内容と一致するものを①～④の中から1つ選びな
　　　　さい。 マークシート38

　　① 父は郵便局で切手を買います。
　　② 母は英語の先生です。
　　③ 母だけ韓国ドラマが好きです。
　　④ 土曜日に家族みんなで韓国ドラマを見ます。

12 対話文を読んで、問いに答えなさい。
（マークシートの39番～40番を使いなさい）　〈2点×2問〉

하　나：내일 어디서 만날까요?

다쿠야：도서관 앞은 어때요?

하　나：도서관요? 어디에 있어요?

다쿠야：병원 앞에 있어요.

하　나：아, 네. 알겠어요.

다쿠야：그럼 두 시에 39거기서 볼까요?

【問1】　39거기が指すものを①～④の中から1つ選びなさい。　マークシート39

　①　図書館の前　②　図書館の中　③　学校の前　　④　駅

【問2】　対話文の内容から分かることを①～④の中から１つ選び
なさい。　マークシート40

　①　二人は病院の前で話しています。

　②　二人は明日、午前中に会います。

　③　二人は一緒に友人のお見舞いに行きます。

　④　二人は会う場所を決めています。

解　答　　　　　(＊白ヌキ数字が正答番号)

聞きとり 解答と解説

---

1 絵の内容に合うものを選ぶ問題　　　　　　　　　　〈各2点〉

1)

❶ 이것은 연필이에요.　→　これは鉛筆です。

② 이것은 의자예요.　　→　これは椅子です。

③ 이것은 볼펜이에요.　→　これはボールペンです。

④ 이것은 구두예요.　　→　これは革靴です。

学習P　이것은 {○○예요／이에요}「これは○○です」の○○部分の名詞を聞きと
る問題。子音で終わる体言に－이에요が付く場合には、①연필이에요[연피리
에요]や③볼펜이에요[볼페니에요]のように連音化が起こる。

2)

❶ 나무 위에 사람이 있습니다.　　→　木の上に人がいます。

② 나무 옆에 고양이가 있습니다.　→　木の隣に猫がいます。

《《《聞きとり

解 答

③ 나무 밑에 사람이 있습니다.　　→ 木の下に人がいます。

④ 나무 위에 고양이가 있습니다.　→ 木の上に猫がいます。

学習P　物の位置関係を示す위「上」、옆「隣、横」、밑「下」を聞きとる問題。日本語では「木の上」や「木の下」のように「(基準)の(位置)」という語順で表すが、韓国・朝鮮語では間に助詞−의(〜の)を入れずに나무 위、나무 밑と表す。

3)

① 신문을 읽어요.　　　→ 新聞を読みます。

② 학교에서 공부해요.　→ 学校で勉強します。

❸ 신발을 신어요.　　　→ 靴を履きます。

④ 아이와 놀아요.　　　→ 子供と遊びます。

学習P　人物が何をしているかを聞きとる問題。「履く」は、靴の場合は신다を、ズボンやスカートの場合は입다を用いる。例えば、저 바지를 입고 싶어요「あのズボンを履きたいです」、집에서는 치마를 안 입으세요?「家ではスカートを履かれないですか?」のように使う。

---

２ 空欄補充問題(数詞問題)　　　　　　　〈各２点〉

1) 나는 (십팔 일)까지 한국에 있어요.

　　→ 私は18日まで韓国にいます。

① 8　　　② 19　　　③ 17　　　❹ 18

解 答

学習Ⓟ 漢字語数詞を聞き取る問題。십팔 일は[십파릴]と発音される。

2） 뉴스는 (세) 시에 끝납니다.　→ ニュースは3時に終わります。

① 1　　　② 2　　　❸ 3　　　④ 4

学習Ⓟ 固有語数詞を聞き取る問題。時刻の表現は「○時」には固有語数詞を、「○分」
には漢字語数詞を使う（例：네 시 이십오 분「4時25分」）。ところで、固有語
数詞の하나、둘、셋、넷、스물は助数詞（ここでは～시「～時」）の前では한、두、
세、네、스무に変わる。

3） 저것도 (오만) 원이에요.　→ あれも5万ウォンです。

① 20,000　　② 30,000　　③ 40,000　　❹ 50,000

学習Ⓟ 「百」「千」「万」の単位の数詞を聞き取る問題。오만 원이에요の発音は[오마
뉴니에요]になる。

4） (시월 십 일)에 만납니다.　→ 10月10日に会います。

① 4월 3일　② 6월 3일　③ 9월 10일　❹ 10월 10일

学習Ⓟ 日付を聞き取る問題。「○月○日」は漢字語数詞で表す（例：칠월 팔 일「7月
8日」）。「10月」は십월✕ではなく、시월となることに注意。10月10日は시월
십 일となる。このほかに6月が유월（육월✕）となることにも注意したい。

3 相手の発話を聞いて、それに対する応答文を選ぶ問題（選択肢は
ハングルで活字表示）　　　　　　　　　　　　〈各2点〉

1） 이것도 우진 씨 책이에요?

→ これもウジンさんの本ですか?

解 答

① 나도 우진 씨를 알아요. → 私もウジンさんを知っています。

② 거기에는 책이 없었어요. → そこには本がありませんでした。

❸ 그것은 제 책이 아니에요. → それは私の本ではありません。

④ 어제 책상을 샀어요. → 昨日、机を買いました。

学習P 選択肢③の‐{가／이} 아니에요は、体言に付いて「～ではありません」という意味。母音で終わる体言には‐가 아니에요が、子音で終わる体言には‐이 아니에요が付く。

2) 이 스마트폰 비쌌죠?
　→ このスマートフォン、高かったですよね?

❶ 아뇨. 생각보다 쌌습니다.
　→ いいえ。思ったより安かったです。

② 네. 배가 고픕니다.
　→ はい。お腹が空きました。

③ 휴대폰으로 사진을 찍었습니다.
　→ 携帯電話で写真を撮りました。

④ 밖에 눈이 내립니다.
　→ 外で雪が降っています。

学習P ①の代わりに안 비쌌습니다「高くありませんでした」という答えも似たような意味になる。形容詞は、対義語をペアにして整理しておくとよい。가깝다「近い」⇔멀다「遠い」、길다「長い」⇔짧다「短い」、크다「大きい」⇔작다「小さい」、덥다「暑い」⇔춥다「寒い」、높다「高い」⇔낮다「低い」。

3) 언제 일본에 오세요? → いつ日本に来られますか?

① 작년에 남편과 만났습니다. → 昨年(に)夫と出会いました。

❷ 내년 봄에 갑니다. → 来年の春に行きます。

解 答

③ 일본어를 몰라요.　　　→ 日本語が分かりません。

④ 저는 일본 사람이 아닙니다.　→ 私は日本人ではありません。

学習P 質問文の−(으)세요?は「〜なさいますか？／〜でいらっしゃいますか？」という意味の尊敬の終止語尾。母音語幹／ㄹ語幹には−세요?を、子音語幹には−으세요?を付ける（ㄹ語幹では、語幹末のㄹが脱落する）。

4) 왜 병원에 가요?　→ どうして病院に行きますか？

① 숙제를 안 냈어요.　　→ 宿題を出しませんでした。

② 음식도 맛있지요?　　→ 食べ物もおいしいですよね？

❸ 머리가 좀 아파요.　　→ 頭がちょっと痛いです。

④ 기분이 아주 좋아요.　→ 気分がとてもいいです。

学習P 왜は「なぜ、どうして」という意味。選択肢③の아파요は、「痛い」という意味の아프다(으語幹)の해요体。

4　空欄補充問題（対話文の始まりをハングルで活字表示）　〈各2点〉

1) 男：방이 좀 춥지요?
　女：(네. 문을 닫을까요?)
　→ 男：部屋が少し寒いでしょう？
　　女：(はい。ドアを閉めましょうか？)

① 우유하고 빵을 주세요.　→ 牛乳とパンをください。

② 네. 노래방이에요.　　→ はい。カラオケです。

③ 정말 재미있었어요.　　→ 本当に面白かったです。

❹ 네. 문을 닫을까요?　→ はい。ドアを閉めましょうか？

解 答

学習Ⓟ 選択肢④の-(으)ㄹ까요?は、「～(し)ましょうか?」という意味で、相手の
意向を尋ねる際に用いられる終止語尾。母音語幹／ㄹ語幹には-ㄹ까요?を、
子音語幹には-을까요?を付ける(ㄹ語幹では、語幹末のㄹが脱落する)。

2) 男 : 은행에 가고 싶어요?

女 : (네. 돈을 찾고 싶습니다.)

→ 男 : 銀行に行きたいですか?
女 : (はい。お金をおろしたいです。)

① 아뇨. 지하철로는 안 갑니다.

→ いいえ。地下鉄では行きません。

② 여기에도 있고 저기에도 있어요.

→ ここにもあるし、あそこにもあります。

❸ 네. 돈을 찾고 싶습니다.

→ はい。お金をおろしたいです。

④ 빵집은 회사에서 멉니다.

→ パン屋は会社から遠いです。

学習Ⓟ 選択肢④の멉니다「遠いです」の辞書形は、멀다「遠い」。

3) 女 : 그 드라마는 언제부터 합니까?

男 : (다음 주 월요일부터요.)

→ 女 : そのドラマはいつからですか【直訳：しますか】?
男 : (来週の月曜日からです。)

❶ 다음 주 월요일부터요.　　　→ 来週の月曜日からです。

② 텔레비전으로 봤어요.　　　→ テレビで見ました。

③ 학생이 아니고 선생님이에요.　→ 学生ではなくて、先生です。

④ 형은 교실에 없어요.　　　→ 兄は教室にいません。

解 答

学習P 選択肢①の다음 주の発音は[다음쭈]と濃音化する。また、文末の−요は、「〜です」という意味。体言に付いて丁寧さを添える。그 책이요「その本です」、학교에서요「学校でです」のように使う。

4) 女：주말에도 일을 했어요?

　　男：(일요일에는 안 했어요.)

　　→ 女：週末(に)も仕事をしましたか?
　　　　男：(日曜日(に)は、しませんでした。)

① 제 우산을 쓰세요.

　　→ 私の傘をお使いください。

❷ 일요일에는 안 했어요.

　　→ 日曜日(に)は、しませんでした。

③ 할아버지를 기다려요.

　　→ おじいさんを待っています。

④ 화요일에는 도서관에 갔어요.

　　→ 火曜日(に)は、図書館に行きました。

学習P 選択肢②の일요일에는は、[이료이레는]と発音される。안は「〜ない」という意味で、用言の前に置かれ、否定を表す。

5　内容一致問題(選択肢は日本語で活字表示)　　　　　　　〈各2点〉

1) 男：그 선물 누구한테 줘요?

　　女：남동생에게요. 모레가 생일이에요.

　　→ 男：そのプレゼント、誰にあげますか?
　　　　女：弟にです。あさってが誕生日です。

解 答

① 男性はプレゼントをもらいました。

② 男性は女性の弟です。

❸ 女性はプレゼントを用意しています。

④ 女性の弟は明日が誕生日です。

学習P 対話文1行目の-한테、2行目の-에게は人や動物に付く「～に」(-한테は話しことば)。これらは、-에「～に」に言い換えられないので、注意。

2) 女：그 식당에서 같이 저녁을 먹을까요?

　　男：좋죠. 저는 오늘 냉면을 먹겠습니다.

　→ 女：その食堂で一緒に夕食を食べましょうか?
　　　男：いいですね。私は今日、冷麺を食べます。

❶ 女性は男性を夕食に誘いました。

② 女性は今日、食堂に行きません。

③ 二人は今、食堂で夕食を食べています。

④ 男性は冷麺を食べません。

学習P 저녁には「夕方」と「夕食」という意味があるが、対話文1行目のように저녁を 먹다と言った場合、「夕食」という意味になる。ちなみに「朝食」は아침、「昼食」は점심(4級)。

3) 男：저는 축구를 좋아해요.

　　女：그래요? 저는 축구보다 야구를 더 좋아해요.

　→ 男：私はサッカーが好きです。
　　　女：そうですか。私はサッカーより野球が(もっと)好きです。

① 男性は野球が好きです。

② 男性はサッカーが嫌いです。

❸ 女性は野球が好きです。

解 答

④ 二人は一緒にサッカーを見ています。

学習P 対話文1行目の-{를/을} 좋아하다は「～が好きだ」という意味。前に「～を」にあたる助詞が来ることに注意。例えば、노래를 좋아해요「歌が好きです」、운동을 좋아해요「運動が好きです」のように使う。

4) 女：어제 오전에 집에서 요리를 했어요.

男：그래요? 오후에는 뭐 했어요?

女：운동을 하고 친구를 만났어요.

→ 女：昨日の午前(に)、家で料理をしました。
男：そうですか。午後(に)は、何しましたか?
女：運動をして、友達に会いました。

① 女性は昨日の朝、家にいませんでした。
② 女性は料理が苦手です。
❸ 女性は昨日の午後、運動をしました。
④ 女性は昨日、友達に会いませんでした。

学習P 対話文2行目の뭐 했어요?は、무엇을 했어요?「何をしましたか?」の話しことばの形。このように話しことばでは、무엇「何」が뭐になったり、助詞が省略されたりする。

5) 男：학교에서 중국어를 공부하세요?

女：네. 중국어하고 영어 수업을 받습니다.

男：저도 중국어를 배우고 싶어요.

→ 男：学校で中国語を勉強なさっていますか?
女：はい。中国語と英語の授業を受けています。
男：私も中国語を学びたいです。

解　答

① 女性は学生ではありません。

② 女性は学校で中国語を勉強しません。

③ 男性は中国語が上手です。

❹ 女性は外国語を２つ勉強しています。

学習Ⓟ 対話文２行目の–하고は、중국어「中国語」という体言に付いていることから
も分かるように、「～と」という意味の助詞で、主に話しことばで使う。動詞の
하다「する」に接続語尾の–고「～（し）て」が付いた形ではないので、注意。

解 答 （＊白ヌキ数字が正答番号）

筆記 解答と解説

1 発音変化を問う問題 〈各1点〉

1) 옷입니다 → 服です

① ［오짐니다］ ❷ ［오심니다］

③ ［오신니다］ ④ ［오딘니다］

【学習P】 連音化＊と입니다の鼻音化＊＊を問う問題。옷입の部分は連音化して［오십］に、입니다は鼻音化して［임니다］と発音される。
＊連音化とはパッチムが次に来る母音と合わさって発音される発音変化のこと。
＊＊この問題で問う입니다の鼻音化とは、입니다と입니까の終音ㅂが鼻音のㅁで発音され、それぞれ［임니다］、［임니까］となる発音変化のこと。

2) 덥다 → 暑い

❶ ［덥따］ ② ［덥타］

③ ［덤따］ ④ ［딛타］

【学習P】 濃音化＊を問う問題。덥다は濃音化して［덥따］と発音される。
＊この問題で問う濃音化とは、終声ㄱ、ㄷ、ㅂの直後に平音（ㄱ・ㄷ・ㅂ・ㅅ・ㅈ）が来ると、有声音化せずに濃音（ㄲ・ㄸ・ㅃ・ㅆ・ㅉ）で発音される発音変化のこと。

3) 싫어요 → いやです、嫌いです

① ［시너요］ ② ［시어요］

③ ［시허요］ ❹ ［시러요］

【学習P】 パッチムㅎの脱落を問う問題。싫어では、싫の右側のパッチムㅎが脱落した結果、左側のパッチムㄹが어に連音する。そのため、싫어요は［시러요］と発音される。

解 答

2 日本語に当たる単語の正しいハングル表記を選ぶ問題 〈各1点〉

1）最初、初めて
   ① 저은 → ×   ② 조음 → ×
   ③ 처운 → ×   ❹ 처음

学習Ⓟ 固有語名詞の正確な綴りを選ぶ問題。–이에요をつけて처음이에요[처으미에요]と発音して、パッチムㅁを記憶しよう。

2）飛行機
   ① 비엥끼 → ×   ② 비헨기 → ×
   ③ 비핸끼 → ×   ❹ 비행기

学習Ⓟ 漢字語名詞の正確な綴りを選ぶ問題。飛行機の行「コウ」のように、音読みが「ン」で終わらない漢字は、韓国・朝鮮語読みでㄴパッチムやㅁパッチムがつかないという点を想起して、②と③を消去するとよい。

3）難しい
   ① 아럽다 → ×   ② 아런다 → ×
   ❸ 어렵다   ④ 어런다 → ×

学習Ⓟ 形容詞の正確な綴りを選ぶ問題。어렵다「難しい」の対義語は、쉽다「易しい」。語幹がㅂで終わる形容詞は多いため、②と④を消去するとよい。

4）多く、たくさん
   ① 만히 → ×   ❷ 많이
   ③ 맗이 → ×   ④ 만이 → ×

学習Ⓟ 副詞の正確な綴りを選ぶ問題。「多く、たくさん」が[마니]という発音になることを知っている学習者は多いと思われるが、これを表記と一致させられるかがポイント。많이では、많の右側のパッチムㅎが脱落した結果、左側のパッチムㄴが이に連音するため、[마니]という発音になる。

解 答

3 日本語に当たる単語を選ぶ問題 〈各1点〉

1）娘

① 할머니 → おばあさん ② 손님 → お客さん

❸ 아들 → 息子 ❹ 딸 → 娘

学習Ｐ 固有語の名詞を選ぶ問題。親族名称としては、할아버지「おじいさん」、아버지「お父さん、父」、어머니「お母さん、母」なども確認しておきたい。

2）電話

❶ 전화 → 〈電話〉電話 ② 취미 → 〈趣味〉趣味

③ 시계 → 〈時計〉時計 ④ 의사 → 〈医師〉医者

学習Ｐ 漢字語の名詞を選ぶ問題。

3）着る

❶ 입다 → 着る ② 벗다 → 脱ぐ

③ 만들다 → 作る ④ 웃다 → 笑う

学習Ｐ 動詞を選ぶ問題。それぞれの丁寧体は①입습니다／입어요、②벗습니다／벗어요、③만듭니다／만들어요、④웃습니다／웃어요である。

4）小さい

① 나쁘다 → 悪い ❷ 작다 → 小さい

③ 높다 → 高い ④ 아프다 → 痛い

学習Ｐ 形容詞を選ぶ問題。それぞれの丁寧体は①나쁩니다／나빠요、②작습니다／작아요、③높습니다／높아요、④아픕니다／아파요である。

5）ゆっくり（と）

① 먼저 → 先に、まず ② 너무 → あまりにも、とても

❸ 천천히 → ゆっくり（と） ④ 빨리 → はやく、急いで

学習Ｐ 副詞を選ぶ問題。

解 答

4 空欄補充問題（語彙問題） 〈各2点〉

1) 저 사람의 (이름)을 모르겠어요.

→ あの人の(名前)が分かりません。

① 구름 → 雲　　　　　❷ 이름 → 名前

③ 가을 → 秋　　　　　④ 지난달 → 先月

学習P 固有語の名詞を選ぶ問題。韓国・朝鮮語で「春・夏・秋・冬」は「봄・여름・가을・겨울」。

2) (기차)를 타고 서울에 왔어요.

→ (列車)に乗って、ソウルに来ました。

❶ 기차 → 〈汽車〉汽車、列車　　② 편지 → 〈便紙〉手紙

③ 숫자 → 〈数字〉数字　　　　　④ 식사 → 〈食事〉食事

学習P 漢字語の名詞を選ぶ問題。기차は一般に特急列車や長距離列車をさすことが多い。기차를 타다で「汽車に乗る、列車に乗る」という意味。助詞が-를／을「～を」になることに注意。

3) 그 가게에서 설탕을 (샀어요).

→ その店で砂糖を(買いました)。

① 계셨어요 → いらっしゃいました

❷ 샀어요 → 買いました

③ 말했어요 → 言いました、話しました

④ 잊었어요 → 忘れました

学習P 動詞を選ぶ問題。それぞれの辞書体は①계시다、②사다、③말하다、④잊다。

解 答

4) 개는 몇 (마리) 있어요?

→ 犬は何(匹)いますか?

① 살　→ ～歳　　　　　② 권　→ ～冊、～巻

❸ 마리　→ ～匹、～頭、～羽　　④ 개　→ ～個

学習Ⓟ 助数詞を選ぶ問題。犬や猫などの動物を数える助数詞は、마리。選択肢②の권は、固有語数詞に付く場合には「～冊」、漢字語数詞に付く場合には「～巻」という意味になる。例えば、네 권は「4冊」、사 권は「4巻」。

5) 그 친구는 키가 (큽니다).

→ その友達は背が(高いです)。

① 찹니다　　→ 冷たいです

② 늦습니다　→ 遅いです

③ 쉽습니다　→ 容易です、易しいです

❹ 큽니다　　→ 高いです、大きいです

学習Ⓟ 形容詞を選ぶ問題。それぞれの辞書形は①차다、②늦다、③쉽다、④크다。키가 크다で「背が高い」という意味になる。対義語は、키가 작다「背が低い」。

5　空欄補充問題(語彙問題)　　　〈各2点〉

1) A : (물)을 마시고 싶어요.

　B : 잠깐만요. 지금 가지고 오겠습니다.

→ A : (水)を飲みたいです。

　B : 少々お待ちください。今持ってきます。

① 마음　→ 心　② 꽃　→ 花　　③ 얼굴　→ 顔　❹ 물　→ 水

解　答

学習P 名詞を選ぶ問題。물을 마시다「水を飲む」は물을 마시다以外に물을 먹다とも言う。

2) A : 지금 밖에 비가 (와요?)

B : 네. 우산 있으세요?

→ A : 今、外で(は)雨が(降っていますか?)
　B : はい。傘、おありですか?

① 내요?　　→ 出しますか?

❷ 와요?　　→ 来ますか?、降りますか?

③ 놓아요?　→ 置きますか?

④ 지나요?　→ 過ぎますか?、通りますか?

学習P 비가 오다で「雨が降る」という意味。비가 와요?は「雨が降りますか?」という意味にもなるが、지금「今」と一緒に使われた場合、「雨が降っていますか?」という進行の意味にもなる。ところで、「雪が降る」は눈이 오다。これら「降る」という意味の오다は、いずれも내리다と言い換えることができる。

3) A : 이거 (모두) 얼마예요?

B : 10,000원입니다.

→ A : これ(全部で)いくらですか?
　B : 1万ウォンです。

① 곧　　→ すぐ(に)、まもなく

② 아주　→ とても、非常に

❸ 모두　→ すべて、全部(で)、みな

④ 어떤　→ どんな

学習P 副詞などを選ぶ問題。

解 答

4） A：감기에 （걸렸어요.）

B：그래요? 약은 먹었어요?

→ A：風邪を（ひきました。）【直訳：風邪にかかりました】

B：そうですか。薬は飲みましたか?

❶ 걸렸어요. → かかりました。

② 알았어요. → 知りました、分かりました。

③ 일어났어요. → 起きました。

④ 끝났어요. → 終わりました。

学習Ｐ 動詞を選ぶ問題。감기에 걸리다で「風邪をひく」【直訳：風邪にかかる】という意味。시간이 걸리다といえば、「時間がかかる」という意味になる。

6 下線部と置き換えが可能なものを選ぶ問題 〈各2点〉

1） 목요일은 시간이 없어요.

→ 木曜日は時間がありません。

① 길어요 → 長いです ② 낮아요 → 低いです

③ 짧아요 → 短いです ❹ 바빠요 → 忙しいです

学習Ｐ 語彙を言い換える問題。それぞれの辞書形（原形・基本形）は①길다、②낮다、③짧다、④바쁘다。

2） 누나는 지금 대학생입니다.

→ 姉は今、大学生です。

① 대학교를 나왔어요 → 大学を出ました

② 대학교 선생님이에요 → 大学の先生です

解 答

③ 대학교가 아니에요　　→　大学ではありません

❹ 대학교에 다녀요　　→　大学に通っています

学習Ⓟ 語彙を言い換える問題。

---

7 空欄補充問題（用言の正しい活用形を選ぶ問題）　　　〈各1点〉

1）여동생이 저기에 차를 (세웠어요).

　→ 妹があそこに車を(停めました)。

① 세왔어요　→　×　　　　② 세우였어요　→　×

❸ 세웠어요　　　　　　　④ 세우았어요　→　×

学習Ⓟ 正格用言の活用形を選ぶ問題。正格用言の過去形（해요体）の作り方は、語幹の最後の母音が ㅏ と ㅗ 以外の場合 -었어요 を付ける。例えば、웃다「笑う」→웃었어요「笑いました」。ただし、母音語幹用言では、縮約が起きることに注意。問題文の세우다の場合は、세우었어요が縮まって세웠어요になる。

2）매일 열 시에 문을 (엽니다).

　→ 毎日、10時にドアを(開けます)。

① 열습니다　→　×　　　　② 여릅니다　→　×

③ 열읍니다　→　×　　　　❹ 엽니다

学習Ⓟ ㄹ語幹用言の活用形を選ぶ問題。「開ける、開く」の辞書形（原形・基本形）は열다で、ㄹ語幹用言である。ㄹ語幹用言の活用形では、以下の2点に注意。
(1)합니다体の語尾「〜{ます／です}」は、-습니다ではなく、-ㅂ니다が付く。
(2)語幹の後ろに ㅅ、ㅂ、ㄴ、ㄹ パッチムから始まる語尾が付くと、語幹末のㄹが脱落する。よって、열다の語幹である열-に-ㅂ니다を付けるとき、語幹末のㄹを脱落させてから付けることになるので、「開けます」は엽니다という形になる。

解 答

3) 저도 일본어를 (못해요).

　　→ 私も日本語が（できません）。

① 못하다요　→ ×　　　**❷ 못해요**

③ 못하아요　→ ×　　　④ 못하요　→ ×

学習Ｐ　하다用言の活用形を選ぶ問題。하다用言とは、辞書形（原形・基本形）が(‐)하다で終わる用言のことで、해요体は(‐)해요となる。못하다は「できない」という意味だが、‐{를／을} 못해요で「～ができません」という意味になる。못해요の発音は[모태요]で、この発音変化を激音化という（4級）。

8　空欄補充問題（文法問題）　　　　　　〈各1点〉

1) 여름(에) 외국에 가요.

　　→ 夏（に）外国に行きます。

① 에게　→ ～に　　　② 에서　→ ～で

③ 을　　→ ～を　　　**❹ 에**　　→ ～に

学習Ｐ　助詞を選ぶ問題。여름「夏」のように時を表すことばに付く「～に」は、④‐에を用いる。一方、人や動物に付く「～に」は①‐에게。選択肢①②③は、①친구에게 선물을 받았어요「友達にプレゼントをもらいました」、②역 앞에서 만날까요?「駅の前で会いましょうか？」、③저도 냉면을 먹겠습니다「私も冷麺を食べます」のように使う。

2) 어제도 그분하고 (이야기했어요)?

　　→ 昨日もその方と（話しましたか）？

① 이야기하죠　　→ 話しますよね

② 이야기합니까　→ 話しますか

解 答

③ 이야기할까요 → 話しましょうか

❹ 이야기했어요 → 話しましたか

[学習P] 語尾を選ぶ問題。하다用言の過去形(疑問)「(〜)しましたか?」は、(-)했습니까?/(-)했어요?となる。

3) A : 만나서 반갑습니다. 저는 김지민(이라고 합니다.)

B : 저는 이윤정이에요.

→ A : お会いできてうれしいです。私はキム・ジミン(と言います。)
B : 私はイ・ユンジョンです。

① 이세요.   → 〜でいらっしゃいます。

❷ 이라고 합니다.   → 〜と言います、〜と申します。

③ 과 같아요.   → 〜と同じです、〜のようです。

④ 으로 합니다.   → 〜にします。

[学習P] 慣用表現を選ぶ問題。②は自己紹介でよく使われる表現。対話文Aの김지민「キム・ジミン」のように子音で終わる名前には-이라고 하다が付く。一方、母音で終わる名前には-라고 하다が付く。「山田と言います」は、야마다라고 해요となる。

9 場面や状況に合わせた適切なあいさつやよく使う表現を選ぶ問題
〈各1点〉

1) 知り合いと久しぶりに会ったとき

① 실례합니다.   → 失礼します。

❷ 오래간만이에요.   → お久しぶりです。

③ 그렇습니다.   → そうです。

④ 죄송해요.   → 申し訳ありません。

[学習P] ②と④の합니다体は、それぞれ②오래간만입니다、④죄송합니다で、かしこまった感じになる。

解 答

2) 知人の結婚を祝うとき

    ❶ 축하합니다.   → おめでとうございます。

    ② 잘 부탁합니다.   → よろしくお願いします。

    ③ 안녕히 계십시오.   → (その場に留まる人に対して)さようなら。

    ④ 맞습니다.   → そうです/その通りです。

学習Ⓟ 「誕生日おめでとうございます」は생일 축하합니다、「結婚おめでとうございます」は결혼 축하합니다という。また、その場を去る人に対する「さようなら」は안녕히 가십시오。

---

10 空欄補充問題(対話問題)　　　　　　　　　　〈各2点〉

1) A : (저 자리에 앉을까요?)

    B : 아, 저기는 사람이 있어요.

  → A : (あの席に座りましょうか?)

      B : あ、あそこは人がいます。

    ❶ 저 자리에 앉을까요?   → あの席に座りましょうか?

    ② 이번 겨울에 결혼해요?   → 今度の冬に結婚しますか?

    ③ 저한테 부탁이 있지요?   → 私にお願いがあるでしょう?

    ④ 커피를 왜 안 팝니까?   → コーヒーをどうして売りませんか?

学習Ⓟ ①-(으)ㄹ까요?「~ (し)ましょうか?」は相手の意向を尋ねる際に用いられる。③-지요?は「~{ます/です}よね?」という確認の語尾。-죠?という形で使われることもある。

2) A : (과일을 사고 싶어요.)

    B : 그러면 시장에서 사세요. 시장이 제일 싸요.

解　答

→　A：（果物を買いたいです。）
　　B：では、市場で買ってください。市場がいちばん安いです。

① 내일 시험을 봐요.　　→ 明日試験を受けます。

② 날씨가 안 좋았어요.　→ 天気がよくなかったです。

③ 소금을 넣었어요.　　→ 塩を入れました。

❹ 과일을 사고 싶어요.　→ 果物を買いたいです。

学習P　④の－고 싶어요は「～（し）たいです」という希望や願望の表現。対話文Ｂの
사세요は、文脈から「お買いになります」ではなく、「買ってください」という
意味であることを判断する。

3）A：(이것은 누구 양말입니까?)
　　B：유진 씨 것입니다.
→　A：（これは誰の靴下ですか？）
　　B：ユジンさんの（もの）です。

① 저 아파트에 누가 삽니까?
　　→ あのマンションに誰が住んでいますか？

② 그거 닭고기가 아니죠?
　　→ それ、鶏肉ではないですよね？

③ 이 사과는 맛이 어떻습니까?
　　→ このリンゴは味がどうですか？

❹ 이것은 누구 양말입니까?
　　→ これは誰の靴下ですか？

学習P　対話文Ｂの유진 씨 것「ユジンさんの（もの）」は、유진 씨 양말「ユジンさんの
靴下」と言い換えられる。

解 答

4) A : 뭐가 좋겠습니까?

　　B : (저는 비빔밥으로 하겠습니다.)

　　A : 그럼 제가 시키겠습니다.

→ A : 何がよろしいですか?
　　B : (私はビビンバにします。)
　　A : では、私が注文します。

① 1층에도 식당이 없습니다.　　　→ 1階にも食堂がありません。

❷ 저는 비빔밥으로 하겠습니다.　→ 私はビビンバにします。

③ 글을 잘 씁니다.　　　　　　　→ 文章／文字を上手に書きます。

④ 화장실에 갔습니다.　　　　　　→ トイレに行きました。

学習P 対話文の中で使われている－겠습니다は「〜(し)ます、〜(する)つもりです」、
－겠습니까?は「〜(し)ますか?、〜(する)つもりですか?」という意味で、意
思を述べたり、尋ねる表現。また、選択肢②の－(으)로 하겠습니다は、「〜に
します」という慣用表現で、複数あるものの中から何かを選ぶときに用いる。
母音やㄹで終わる体言の後では－로 하겠습니다、子音で終わる体言の後で
は－으로 하겠습니다を付ける。例えば、술로 하겠습니다「お酒にします」、차
로 하겠습니다「お茶にします」のように使う。

5) A : 같이 바다에 갈까요?

　　B : (네. 나도 바다에 가고 싶었어요.)

　　A : 그럼 언제 시간 있으세요?

→ A : 一緒に海に行きましょうか?
　　B : (はい。私も海に行きたかったです。)
　　A : では、いつ時間おありですか?

① 저는 여행을 안 좋아해요.

　　→ 私は旅行が好きではありません。

② 네. 우리도 메일을 안 받았어요.

　　→ はい。私達もメールを受け取りませんでした。

解　答

❸ 네. 나도 바다에 가고 싶었어요.

　→ はい。私も海に行きたかったです。

④ 무슨 요일에 왔어요?

　→ 何曜日に来ましたか？

学習Ⓟ　3行目の있으세요?는있어요?の尊敬形である。

---

11 読解問題 〈各2点〉

우리 가족은 세 명입니다. 아버지는 우체국에서 일합니다. (그리고) 어머니는 고등학교에서 영어를 가르칩니다. 우리는 다 한국 영화를 좋아합니다. 일요일에는 집에서 같이 영화를 봅니다.

[日本語訳]

私達は3人家族です【直訳：私達の家族は3人です】。父は郵便局で働いています。(そして)母は高校で英語を教えています。私達はみな、韓国の映画が好きです。日曜日には家で一緒に映画を見ます。

【問1】　空欄補充問題

① 그러면　→ それなら、そうすれば

② 어느　　→ どの

❸ 그리고　→ そして

④ 어떻게　→ どのように

学習Ⓟ　②어느を用いて、어느 영화를 좋아해요?「どの映画が好きですか？」のように疑問文を作ることができる。④어떻게を用いて、영어를 어떻게 가르쳐요?「英語をどのように教えますか？」のように疑問文を作ることができる。

解　答

【問2】　内容の一致を問う問題

① 父は郵便局で切手を買います。

❷ 母は英語の先生です。

③ 母だけ韓国ドラマが好きです。

④ 土曜日に家族みんなで韓国ドラマを見ます。

学習P ②「母は英語の先生です」の訳は、어머니는 영어 선생님입니다となる。

12　読解問題　〈各2点〉

하　나：내일 어디서 만날까요?

다쿠야：도서관 앞은 어때요?

하　나：도서관요? 어디에 있어요?

다쿠야：병원 앞에 있어요.

하　나：아, 네. 알겠어요.

다쿠야：그럼 두 시에 <u>거기</u>서 볼까요?

［日本語訳］

ハ　ナ：明日、どこで会いましょうか?

タクヤ：図書館の前はどうですか?

ハ　ナ：図書館ですか? どこにありますか?

タクヤ：病院の前にあります。

ハ　ナ：あ、はい。分かりました。

タクヤ：では、2時に<u>そこ</u>で会いましょうか?

解 答

【問1】 下線部が指すものを選ぶ問題

❶ 図書館の前　　　② 図書館の中

③ 学校の前　　　④ 駅

学習Ｐ　6行目の거기서は거기에서「そこで」の縮約形、볼까요?は「会いましょうか？」という意味で、ここでは만날까요?に言い換えられる。

【問2】 内容の一致を問う問題

① 二人は病院の前で話しています。

② 二人は明日、午前中に会います。

③ 二人は一緒に友人のお見舞いに行きます。

❹ 二人は会う場所を決めています。

学習Ｐ　②오전「午前」は言及されていない。③친구「友人」や友人の名前は言及されていない。

５級聞きとり 正答と配点

●40点満点

問題	設問	マークシート番号	正　答	配　点
1	1)	1	①	2
	2)	2	①	2
	3)	3	③	2
2	1)	4	④	2
	2)	5	③	2
	3)	6	④	2
	4)	7	④	2
3	1)	8	③	2
	2)	9	①	2
	3)	10	②	2
	4)	11	③	2
4	1)	12	④	2
	2)	13	③	2
	3)	14	①	2
	4)	15	②	2
5	1)	16	③	2
	2)	17	①	2
	3)	18	③	2
	4)	19	③	2
	5)	20	④	2
合　計				40

５級筆記　正答と配点

●60点満点

問題	設問	マークシート番号	正答	配点
1	1)	1	②	1
	2)	2	①	1
	3)	3	④	1
2	1)	4	④	1
	2)	5	④	1
	3)	6	③	1
	4)	7	②	1
3	1)	8	④	1
	2)	9	①	1
	3)	10	①	1
	4)	11	②	1
	5)	12	③	1
4	1)	13	②	2
	2)	14	①	2
	3)	15	②	2
	4)	16	③	2
	5)	17	④	2
5	1)	18	④	2
	2)	19	②	2
	3)	20	③	2
	4)	21	①	2

問題	設問	マークシート番号	正答	配点
6	1)	22	④	2
	2)	23	④	2
7	1)	24	③	1
	2)	25	④	1
	3)	26	②	1
8	1)	27	④	1
	2)	28	④	1
	3)	29	②	1
9	1)	30	②	1
	2)	31	①	1
10	1)	32	①	2
	2)	33	④	2
	3)	34	④	2
	4)	35	②	2
	5)	36	③	2
11	問1	37	③	2
	問2	38	②	2
12	問1	39	①	2
	問2	40	④	2
合計				60

반절표(反切表)

子音 \ 母音	【1】 ㅏ [a]	【2】 ㅑ [ja]	【3】 ㅓ [ɔ]	【4】 ㅕ [jɔ]	【5】 ㅗ [o]	【6】 ㅛ [jo]	【7】 ㅜ [u]	【8】 ㅠ [ju]	【9】 ㅡ [ɯ]	【10】 ㅣ [i]
【1】 ㄱ [k/g]	가	갸	거	겨	고	교	구	규	그	기
【2】 ㄴ [n]	나	냐	너	녀	노	뇨	누	뉴	느	니
【3】 ㄷ [t/d]	다	댜	더	뎌	도	됴	두	듀	드	디
【4】 ㄹ [r/l]	라	랴	러	려	로	료	루	류	르	리
【5】 ㅁ [m]	마	먀	머	며	모	묘	무	뮤	므	미
【6】 ㅂ [p/b]	바	뱌	버	벼	보	뵤	부	뷰	브	비
【7】 ㅅ [s/ʃ]	사	샤	서	셔	소	쇼	수	슈	스	시
【8】 ㅇ [無音/ŋ]	아	야	어	여	오	요	우	유	으	이
【9】 ㅈ [tʃ/dʒ]	자	쟈	저	져	조	죠	주	쥬	즈	지
【10】 ㅊ [tʃʰ]	차	챠	처	쳐	초	쵸	추	츄	츠	치
【11】 ㅋ [kʰ]	카	캬	커	켜	코	쿄	쿠	큐	크	키
【12】 ㅌ [tʰ]	타	탸	터	텨	토	툐	투	튜	트	티
【13】 ㅍ [pʰ]	파	퍄	퍼	펴	포	표	푸	퓨	프	피
【14】 ㅎ [h]	하	햐	허	혀	호	효	후	휴	흐	히
【15】 ㄲ [ʔk]	까	꺄	꺼	껴	꼬	꾜	꾸	뀨	끄	끼
【16】 ㄸ [ʔt]	따	땨	떠	뗘	또	뚀	뚜	뜌	뜨	띠
【17】 ㅃ [ʔp]	빠	뺘	뻐	뼈	뽀	뾰	뿌	쀼	쁘	삐
【18】 ㅆ [ʔs]	싸	쌰	써	쎠	쏘	쑈	쑤	쓔	쓰	씨
【19】 ㅉ [ʔtʃ]	짜	쨔	쩌	쪄	쪼	쬬	쭈	쮸	쯔	찌

【11】 ㅐ [ɛ]	【12】 ㅒ [jɛ]	【13】 ㅔ [e]	【14】 ㅖ [je]	【15】 ㅘ [wa]	【16】 ㅙ [wɛ]	【17】 ㅚ [we]	【18】 ㅝ [wɔ]	【19】 ㅞ [we]	【20】 ㅟ [wi]	【21】 ㅢ [ɯi]
개	걔	게	계	과	괘	괴	궈	궤	귀	긔
내	냬	네	녜	놔	놰	뇌	눠	눼	뉘	늬
대	댸	데	뎨	돠	돼	되	둬	뒈	뒤	듸
래	럐	레	례	롸	뢔	뢰	뤄	뤠	뤼	릐
매	먜	메	몌	뫄	뫠	뫼	뭐	뭬	뮈	믜
배	뱨	베	볘	봐	봬	뵈	붜	붸	뷔	븨
새	섀	세	셰	솨	쇄	쇠	숴	쉐	쉬	싀
애	얘	에	예	와	왜	외	워	웨	위	의
재	쟤	제	졔	좌	좨	죄	줘	줴	쥐	즤
채	챼	체	쳬	촤	쵀	최	춰	췌	취	츼
캐	컈	케	켸	콰	쾌	쾨	쿼	퀘	퀴	킈
태	턔	테	톄	톼	퇘	퇴	퉈	퉤	튀	틔
패	퍠	페	폐	퐈	퐤	푀	풔	풰	퓌	픠
해	햬	헤	혜	화	홰	회	훠	훼	휘	희
깨	꺠	께	꼐	꽈	꽤	꾀	꿔	꿰	뀌	끠
때	떄	떼	뗴	똬	뙈	뙤	뚸	뛔	뛰	띄
빼	뺴	뻬	뼤	뽜	뽸	쁴	뿨	쀄	쀠	쁴
쌔	썌	쎄	쎼	쏴	쐐	쐬	쒀	쒜	쒸	씌
째	쨰	쩨	쪠	쫘	쫴	쬐	쭤	쮀	쮜	찍

113

ㅎㄱ

「ハングル」能力検定試験

資　料

2023年春季　第59回検定試験状況

●試験の配点と平均点・最高点

級	配点（100点満点中）			全国平均点			全国最高点		
	聞・書	筆記	合格点（以上）	聞・書	筆記	合計	聞・書	筆記	合計
1級	40	60	70	20	32	52	37	52	89
2級	40	60	70	24	32	56	38	54	90
準2級	40	60	70	25	39	64	40	60	100
3級	40	60	60	27	42	69	40	60	100
4級	40	60	60	29	45	74	40	60	100
5級	40	60	60	31	48	79	40	60	100

●出願者・受験者・合格者数など

	出願者数（人）	受験者数（人）	合格者数（人）	合格率	累計（1回〜59回）		
					出願者数	受験者数	合格者数
1級	120	106	20	18.9%	5,427	4,943	578
2級	426	370	70	18.9%	27,286	24,332	3,673
準2級	1,204	1,055	434	41.1%	67,127	60,469	20,295
3級	2,559	2,218	1,669	75.2%	125,899	112,040	62,084
4級	3,178	2,713	2,151	79.3%	150,593	133,468	98,508
5級	2,966	2,519	2,157	85.6%	136,885	121,362	98,497
合計	10,453	8,981	6,501	72.4%	514,160	457,486	283,721

※累計の各合計数には第18回〜第25回までの準1級出願者、受験者、合格者数が含まれます。

■年代別出願者数

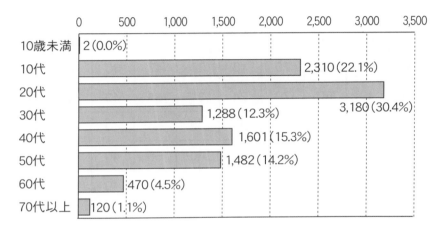

	人数
10歳未満	2 (0.0%)
10代	2,310 (22.1%)
20代	3,180 (30.4%)
30代	1,288 (12.3%)
40代	1,601 (15.3%)
50代	1,482 (14.2%)
60代	470 (4.5%)
70代以上	120 (1.1%)

■職業別出願者数

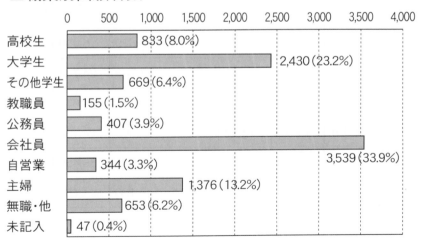

	人数
高校生	833 (8.0%)
大学生	2,430 (23.2%)
その他学生	669 (6.4%)
教職員	155 (1.5%)
公務員	407 (3.9%)
会社員	3,539 (33.9%)
自営業	344 (3.3%)
主婦	1,376 (13.2%)
無職・他	653 (6.2%)
未記入	47 (0.4%)

2023年秋季　第60回検定試験状況

●試験の配点と平均点・最高点

級	配点（100点満点中）			全国平均点			全国最高点		
	聞・書	筆記	合格点（以上）	聞・書	筆記	合計	聞・書	筆記	合計
1級	40	60	70	18	29	47	35	49	83
2級	40	60	70	24	31	55	40	55	95
準2級	40	60	70	22	32	54	40	60	100
3級	40	60	60	25	40	65	40	60	100
4級	40	60	60	30	44	74	40	60	100
5級	40	60	60	33	48	81	40	60	100

●出願者・受験者・合格者数など

	出願者数（人）	受験者数（人）	合格者数（人）	合格率	累計（1回〜60回）		
					出願者数	受験者数	合格者数
1級	102	93	6	6.5%	5,529	5,036	584
2級	472	412	75	18.2%	27,758	24,744	3,748
準2級	1,385	1,209	225	18.6%	68,512	61,678	20,520
3級	2,801	2,443	1,558	63.8%	128,700	114,483	63,642
4級	3,422	2,991	2,336	78.1%	154,015	136,459	100,844
5級	3,221	2,788	2,376	85.2%	140,106	124,150	100,873
合計	11,403	9,936	6,576	66.2%	525,563	467,422	290,297

※累計の各合計数には第18回〜第25回までの準1級出願者、受験者、合格者数が含まれます。

■年代別出願者数

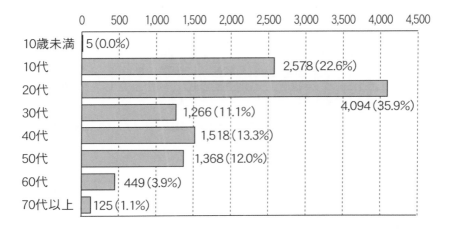

10歳未満	5 (0.0%)
10代	2,578 (22.6%)
20代	4,094 (35.9%)
30代	1,266 (11.1%)
40代	1,518 (13.3%)
50代	1,368 (12.0%)
60代	449 (3.9%)
70代以上	125 (1.1%)

■職業別出願者数

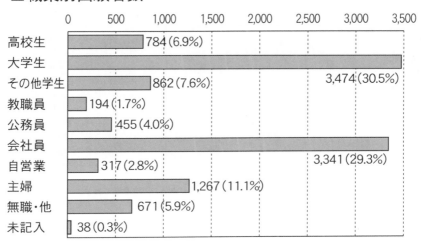

高校生	784 (6.9%)
大学生	3,474 (30.5%)
その他学生	862 (7.6%)
教職員	194 (1.7%)
公務員	455 (4.0%)
会社員	3,341 (29.3%)
自営業	317 (2.8%)
主婦	1,267 (11.1%)
無職・他	671 (5.9%)
未記入	38 (0.3%)

●合格ラインと出題項目一覧について

◇合格ライン

	聞きとり		筆記		合格点
	配点	必須得点(以上)	配点	必須得点(以上)	100点満点中(以上)
5級	40		60		60
4級	40		60		60
3級	40	12	60	24	60
準2級	40	12	60	30	70
2級	40	16	60	30	70

	聞きとり・書きとり		筆記・記述式		
	配点	必須得点(以上)	配点	必須得点(以上)	
1級	40	16	60	30	70

◆解答は、5級から2級まではすべてマークシート方式です。
 1級は、マークシートと記述による解答方式です。
◆5、4級は合格点(60点)に達していても、聞きとり試験を受けていないと不合格になります。

◇出題項目一覧

		初 級		中 級		上 級	
		5級	4級	3級	準2級	2級	1級
学習時間の目安		40時間	80	160	240〜300	—	—
発音と文字						*	*
正書法							
語彙							
	擬声擬態語			*	*		
	接辞、依存名詞						
	漢字						
文法項目と慣用表現							
連語							
四字熟語					*		
慣用句							
ことわざ							
縮約形など							
表現の意図							
テクストの理解と産出	内容理解						
	接続表現	*	*				
	指示詞	*	*				

※灰色部分が、各級の主な出題項目です。
 「*」の部分は、個別の単語として取り扱われる場合があることを意味します。

「ハングル」検定公式テキスト
ペウギ 準2級/3級/4級/5級

ハン検公式テキスト。これで合格を
目指す！　暗記用赤シート付。
準2級/2,970円（税込）※CD付き
3級/2,750円（税込）
5級、4級/各2,420円（税込）
※A5版、音声ペン対応

合格トウミ【改訂版】
初級編 / 中級編 / 上級編

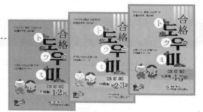

レベル別に出題語彙、慣用句、慣用表現
等をまとめた受験者必携の一冊。
暗記用赤シート付。
初級編/1,760円（税込）
中級編、上級編/2,420円（税込）
※A5版、音声ペン対応

中級以上の方のためのリスニング BOOK
読む・書く「ハン検」

長文をたくさん読んで「読む力」を鍛える！
1,980円（税込）
※A5版、音声ペン対応
別売CD/1,650円（税込）

ハン検 過去問題集（ＣＤ付）

年度別に試験問題を収録した過去問題集。
学習に役立つワンポイントアドバイス付！
1、2級/各2,200円（税込）
準2、3級/各1,980円（税込）
4、5級/各1,760円（税込）
※2021年版のみレベル別に収録。

協会書籍対応　音声ペン

対応書籍にタッチするだけでネイティブの発音が聞ける。
合格トウミ、読む書く「ハン検」、ペウギ各級に対応。
※音声ペンは「ハン検オンラインショップ」からご購入いただけます。

〈ハン検オンラインショップ〉**https://hanken.theshop.jp**

好評発売中

2023年版 ハン検公式 過去問題集
（リスニングサイト・音声ダウンロード）

2022年第57回、58回分の試験問題を級別に収録、公式解答・解説付！

1級、2級 ……………………………………	各2,420円（税込）
準2級、3級 …………………………………	各2,200円（税込）
4級、5級 ……………………………………	各1,980円（税込）

購入方法

①全国主要書店でお求めください。（すべての書店でお取り寄せできます）

②当協会へ在庫を確認し、下記いずれかの方法でお申し込みください。
【方法1：郵便振替】
振替用紙の通信欄に書籍名と冊数を記入し代金と送料をお支払いください。
お急ぎの方は振込受領書をコピーし、書籍名と冊数、送付先と氏名をメモ書き
にしてFAXでお送りください。
　　　　　◆口座番号：00160－5－610883
　　　　　◆加入者名：ハングル能力検定協会
（送料1冊350円、2冊目から1冊増すごとに100円増、10冊以上は無料）
【方法2：代金引換え】
書籍代金（税込）以外に別途、送料と代引き手数料がかかります。詳しくは協会
へお問い合わせください。

③協会ホームページの「書籍販売」ページからインターネット注文ができます。
（https://www.hangul.or.jp）

2024年版「ハングル」能力検定試験

公式 過去問題集〈5級〉

2024年3月1日発行

編　著	特定非営利活動法人 ハングル能力検定協会	
発　行	特定非営利活動法人 ハングル能力検定協会	
	〒101-0051 東京都千代田区神田神保町2-22-5 F TEL 03-5858-9101　FAX 03-5858-9103 https://www.hangul.or.jp	
製　作	現代綜合出版印刷株式会社	

定価 1,980円（税10%）
HANGUL NOURYOKU KENTEIKYOUKAI
ISBN 978-4-910225-27-2　C0087　¥1800E
無断掲載、転載を禁じます。
<落丁・乱丁本はおとりかえします>　　Printed in Japan

「ハングル」能力検定試験

個人情報欄 ※必ずご記入ください

受 験 級
2 級 ⋯ ○
準2級 ⋯ ○
3 級 ⋯ ○
4 級 ⋯ ○
5 級 ⋯ ○

受験地コード

受験番号

生まれ月日 （月 日）

氏 名

受験地

（記入心得）
1. HB以上の黒鉛筆またはシャープペンシルを使用してください。
（ボールペン・マジックは使用不可）
2. 訂正するときは、消しゴムで完全に消してください。
3. 枠からはみ出さないように、ていねいに塗りつぶしてください。

（記入例）解答が「1」の場合

良い例　●　②　③　④

悪い例　レ点　線　バッテン　点　うすい

聞きとり

1	① ② ③ ④
2	① ② ③ ④
3	① ② ③ ④
4	① ② ③ ④
5	① ② ③ ④
6	① ② ③ ④
7	① ② ③ ④
8	① ② ③ ④
9	① ② ③ ④
10	① ② ③ ④
11	① ② ③ ④
12	① ② ③ ④
13	① ② ③ ④
14	① ② ③ ④
15	① ② ③ ④
16	① ② ③ ④
17	① ② ③ ④
18	① ② ③ ④
19	① ② ③ ④
20	① ② ③ ④

筆 記

1	① ② ③ ④
2	① ② ③ ④
3	① ② ③ ④
4	① ② ③ ④
5	① ② ③ ④
6	① ② ③ ④
7	① ② ③ ④
8	① ② ③ ④
9	① ② ③ ④
10	① ② ③ ④
11	① ② ③ ④
12	① ② ③ ④
13	① ② ③ ④
14	① ② ③ ④
15	① ② ③ ④
16	① ② ③ ④
17	① ② ③ ④
18	① ② ③ ④
19	① ② ③ ④
20	① ② ③ ④
21	① ② ③ ④
22	① ② ③ ④
23	① ② ③ ④
24	① ② ③ ④
25	① ② ③ ④
26	① ② ③ ④
27	① ② ③ ④
28	① ② ③ ④
29	① ② ③ ④
30	① ② ③ ④
31	① ② ③ ④
32	① ② ③ ④
33	① ② ③ ④
34	① ② ③ ④
35	① ② ③ ④
36	① ② ③ ④
37	① ② ③ ④
38	① ② ③ ④
39	① ② ③ ④
40	① ② ③ ④

41問～50問は2級のみ解答

41	① ② ③ ④
42	① ② ③ ④
43	① ② ③ ④
44	① ② ③ ④
45	① ② ③ ④
46	① ② ③ ④
47	① ② ③ ④
48	① ② ③ ④
49	① ② ③ ④
50	① ② ③ ④

K12516T 110kg